Andrea Rittersberger

Jedes Kind will musizieren

Musik macht Kinder intelligenter und selbstbewusster

Andrea Rittersberger

Jedes Kind will musizieren

Musik macht Kinder intelligenter und selbstbewusster

beustverlag

Die Deutsche Bibliothek – Cip-Einheitsaufnahme

Rittersberger, Andrea:
Jedes Kind will musizieren : Musik macht Kinder intelligenter und
selbstbewusster / Andrea Rittersberger. – München : Beust, 2002
  (KidsWorld)
  ISBN 3-89530-088-8

1. Auflage 2002

© Copyright 2002
beustverlag, Fraunhoferstr. 13, 80469 München
www.beustverlag.de
© Copyright 2002 für die Liedbeispiele auf den Seiten 26, 66 oben, 70:
Andrea Rittersberger

ILLUSTRATION: Katja Lechthaler, München; Zenon Mojzysz, Hamburg
LEKTORAT: Jürgen Bolz, München
LAYOUTDESIGN, SATZ UND PRODUKTION: Gerhard Stoppe, München
UMSCHLAGDESIGN: Julianna Previcz, Markus Härle, München
DRUCK: Ebner & Spiegel, Ulm

ISBN 3-89530-088-8

Printed in Germany

Inhalt

Vorwort 7

01 Musik tut gut! 11

Musik ist überall 12
Achten Sie auf die Nebenwirkungen! 13

02 Muss mein Kind begabt sein? 17

Singen Sie auch falsch? 18
Kein Kind ist unmusikalisch 20

03 Die ersten musikalischen Versuche von Kleinkindern .. 23

Die ersten musikalischen Eindrücke 24
Kochlöffel & Co. – der Einstieg in die Musik 25
Eine Schwalbe macht noch keinen Sommer 28
Musik made in Taiwan 29
Instrumente für Kleinkinder 30

04 So schaffen Sie ein musikalisches Umfeld für Kindergartenkinder 35

Volkslieder gehören nicht in die Mottenkiste 36
Autofahren muss nicht langweilig sein! 38
Welche Orff-Instrumente lohnen den Kauf? 40
Papa, spiel doch mal wieder Klavier! 43
Musik »aus der Dose« 44
Musikbücher 45
Wie wär's denn mal mit Oper? 45

05 Was geschieht in einer Musikschule? 47

Das Angebot einer Musikschule 48

06 Musikalische Früherziehung in der Musikschule 53

Wann sollte Ihr Kind mit dem Musikunterricht beginnen? 54
Musikunterricht fördert die Entwicklung von Kindern 59
Musikunterricht für die Allerkleinsten 64
Musikalische Früherziehung für drei- bis sechsjährige Kinder 69
Musikalische Grundausbildung 72
Orff-Gruppen 76

Rhythmik-Gruppen, Musikalischer Kindergarten & Co. 82
Leitfaden: Musikalische Früherziehung 83

07 Instrumentalunterricht 85

Ein guter Start erleichtert alles! 86
Das richtige Einstiegsalter 90
Welches Instrument eignet sich für mein Kind? 102
Ein wenig Instrumentenkunde 107
Der Lehrer: Pädagoge und Partner 121
Verschiedene Unterrichtsformen 137
Das leidige Thema Üben 144
Leitfaden: Instrumentalunterricht 156

08 Musikalische Hochbegabung 159

Außenseiter zwischen Anerkennung und Argwohn 160
Fördermöglichkeiten für musikalisch hochbegabte Kinder 169

09 Musiktherapie 175

Die heilende Wirkung von Musik 176
Motorische Störungen 177
Grenzen überwinden 180
Hilfe bei Magersucht 181

10 Musikunterricht für Erwachsene 187

Warum musizieren Erwachsene? 188
Das Alter ist kein Hinderungsgrund! 189
Musik – ein Ausgleich zum Beruf 191
Wie und wo musizieren Erwachsene? 192

Anhang 196

Register 200

Vorwort

Musik ist etwas Wunderbares – meine Begeisterung wird Sie kaum überraschen, denn ich bin Musikerin, genauer gesagt: Pianistin. Ich gehöre zu den Verrückten, die es toll finden, sich tagaus, tagein an ihrem Instrument abzuquälen und bei einem Konzert vor Lampenfieber fast zu sterben, und die niemals, aber auch wirklich niemals, zufrieden sind mit der eigenen Leistung! Mögen meine Zuhörer auch noch so entzückt sein, ich bin es nie. Jeder sieht eine Künstlerin in mir, doch mich erinnert mein Tun eher an Leistungssport. Stupide Tonleitern muss ich ebenso täglich trainieren wie komplizierte Tonfolgen, damit das, was ich vortrage, auch nur halbwegs nach »Kunst« klingt. Eigentlich ein anstrengender, nervenaufreibender Job, aber für mich einer der schönsten Berufe der Welt!

Es ist aufregend, Musik zu machen. Während des Musizierens bin ich geistig, körperlich und emotional völlig eingespannt, hinterher fühle ich mich gleichermaßen erschöpft und hellwach. Musik macht mich glücklich. Und manchmal geht sie mir total auf die Nerven. Sie strengt mich an, treibt mich an meine Grenzen und trägt mich manchmal weit darüber hinaus. Aber wenn ich fleißig übe, eröffnen sich mir wunderbare Welten! Sie zeigt mir, dass Alter, körperliche Gegebenheiten und Lebensumstände sehr relative Begriffe sind. Die Beschäftigung mit einem Instrument lehrt mich täglich aufs Neue: Es gibt selten ein »Das geht nicht«. Jedenfalls finde ich die eigenen Grenzen nie dort, wo ich sie vermute.

Musik, selbst wenn wir sie nur passiv »konsumieren«, spricht unsere Seele an und weckt Gefühle – in jedem von uns. Sie macht fröhlich oder melancholisch, tröstet oder spornt an. Aktives Musizieren hingegen bewirkt noch viel mehr: Es fördert die Persönlichkeitsentwicklung und die

Kreativität. Neueste Forschungen haben ergeben, dass Musizieren die Intelligenz und das Sozialverhalten von Kindern nachhaltig positiv beeinflusst. Regelmäßig musizierende Kinder sind darüber hinaus deutlich weniger aggressiv und gehen insgesamt toleranter miteinander um. Die Ergebnisse dieser Studien sind geeignet, einem Umdenken in der Bildungspolitik neue Impulse zu geben. Musikpädagogen und Musiker fordern, dass der Förderung der kindlichen Phantasie und Kreativität ein höherer Stellenwert im Lehrplan eingeräumt wird. Doch mit der Umsetzung wird es noch einige Zeit dauern.

Was aber können Eltern, deren Wunsch es ist, ihre Kinder von klein auf musikalisch zu fördern, heute schon tun? Sie können selbst die Initiative ergreifen! Musikschulen und andere Institutionen bieten dabei ihre Hilfe an: Durch musikalische Früherziehung, Instrumentalunterricht und das Zusammenwirken in Gruppen wie einem Chor, einem Gitarrenensemble oder einem Orchester vermitteln sie Kindern und Jugendlichen Freude an der Musik. Doch angesichts der Vielzahl von Möglichkeiten ist es für die Eltern nicht immer einfach, den richtigen Einstieg zu finden. Am Anfang stehen in der Regel Fragen und Zweifel:

- Ist mein Kind überhaupt musikalisch?
- Wie kann ich bei meinem Kind den Spaß an Musik wecken?
- Lohnt sich die Investition in professionelle Musikerziehung?
- Welche Kosten kommen dabei auf mich zu?
- Wann sollte mein Kind mit dem Musikunterricht beginnen?
- Welches Instrument ist das richtige?
- Woran erkenne ich einen fähigen Lehrer und eine gute Musikschule?

Das vorliegende Buch gibt Antworten auf diese und viele andere Fragen zur Musikerziehung. Eltern, die ihre Kinder musikalisch fördern möchten, finden in diesem Buch sowohl Anregungen für das Musizieren in der Familie als auch einen Leitfaden durch die vielfältigen Angebote von Musikschulen. Die Hinweise und Ratschläge, die zu einem großen Teil auf meinen Erfahrungen als Leiterin der *musikKUNSTschule Hamburg* beruhen, sollen Ihnen die ersten Schritte in die Welt der Musik erleichtern. Damit Sie und Ihr Kind irgendwann, so hoffe ich, auch voller Überzeugung sagen: Musik ist etwas Wunderbares!

»Die großen Flüsse brauchen die kleinen Wässer«, hat Albert Schweitzer einmal gesagt. An dieser Stelle möchte ich deshalb Martina Hancke, meinem Mann Zenon Mojzysz und meinem Lektor Jürgen Bolz für ihre Unterstützung und Mitarbeit danken.

Andrea Rittersberger

01

Musik tut gut!

*Musizieren macht Spaß –
und außerdem unterstützt es
die Persönlichkeitsentwicklung
von Kindern und fördert
ihre Intelligenz!*

Musik ist überall

Am Anfang war Musik. Gesang und Instrumente gibt es seit Urzeiten. Sie haben sich im Laufe der menschlichen Entwicklung verändert und spiegeln die Bedürfnisse der jeweiligen Gesellschaft wider. So nahmen und nehmen Naturvölker mit Hilfe religiöser Tänze und Gesänge Verbindung zur übersinnlichen Welt auf – nicht selten in einem tranceähnlichen Zustand. Heute tanzen sich Discobesucher bei wummernden Bässen in Ekstase. Damals wie heute ist Musik ein wichtiges Ausdrucksmittel. Sie ist aus unserem Alltag nicht wegzudenken.

Oft sind wir uns dessen gar nicht mehr bewusst, nehmen die Töne um uns herum kaum noch wahr. Tatsächlich aber begleiten sie uns über den ganzen Tag: Bereits morgens springt der Radiowecker an, wir singen oder pfeifen im Bad, das Radio oder die CD läuft im Auto, beim Kochen und im Supermarkt, wir schwitzen beim Joggen und im Fitnessstudio zu antreibenden Rhythmen.

Was wäre ein Kinofilm ohne seine Musik, die uns weit über die Bilder und Dialoge hinaus die Stimmung des Films nahe bringt, Spannung aufbaut, Romantik erzeugt, Rührung auslöst? Was ein Geburtstag ohne »Happy Birthday«-Ständchen? Und was wäre eine Kindheit ohne Musik? Kein tröstendes »Heile, heile Gänschen ...«, das die Mutter singt, und der Finger tut dann plötzlich gar nicht mehr weh. Kein beruhigendes Schlaflied am Abend, bei dem die Kleinen sich in die Kissen kuscheln und sanft einschlummern.

Wie Musik bereits auf Kleinkinder wirkt, sehe ich jeden Tag in meinem Unterricht. Wenn ich am Anfang der Stunde ein Lied am Klavier spiele, stürzen alle Kinder auf mich zu und wollen mitmachen. Lucas versucht auf die Tasten zu drücken, Nora dreht sich zur Melodie im Kreis, und Leon beginnt voller Inbrunst zu singen. Die Kleinen sind sofort vom Zauber der Musik gefangen. Jedes dieser Kinder ist musikalisch, weil es von der Musik berührt wird. Gerade Kleinkinder besitzen noch einen natürlichen Zugang zur Musik, sie reagieren spontan und unverfälscht, wenn sie eine Melodie hören.

Achten Sie auf die Nebenwirkungen!

Viele Eltern kommen zu mir und fragen sich, ob es sich »lohnt«, Zeit und Geld in Musikstunden zu investieren. Sie befürchten, ihr Kind sei nicht musikalisch genug, würde es nicht weit bringen und nach ein paar Jahren wieder aufhören. Sie glauben, Musizieren sei nur etwas für talentierte Kinder. Meine Antwort: Musik ist für alle gut. Kinder müssen es nicht »weit bringen«, sie brauchen keine kleinen Karajans zu werden. Es geht in erster Linie darum, ihnen die ursprüngliche Freude an der Musik zu erhalten und die Bedeutung des Musizieren zu vermitteln.

Was Kindern die Beschäftigung mit Musik gibt, kann ihnen niemand jemals wieder nehmen. Musik macht es Kindern möglich, Gefühle auszudrücken, die sie sonst nicht in Worte fassen könnten. Musizieren wird so zum seelischen Ventil, das Instrument zum guten Freund, dem man alles anvertraut: Enttäuschung und Freude, Wut und Kummer. Musizieren motiviert darüber hinaus zum Lernen und zur Teamarbeit, erfordert jedoch auch Disziplin: das Notenlesen verlangt Konzentration, das Üben geht nicht ohne Ausdauer, das Auswendiglernen von Musikstücken und Liedern fordert das Gedächtnis. Die Kinder entdecken beim Musizieren in besonderer Weise, dass auch Arbeit und Lernen Spaß machen kann, wenn man anschließend Erfolg hat. Und im Zusammenspiel mit anderen Kindern lernen bereits die Kleinsten, auf andere Rücksicht zu nehmen und aufmerksam zuzuhören.

Wie förderlich Musikerziehung für die Gesamtentwicklung unserer Kinder ist, wissen wir mittlerweile auch durch neueste Forschungsergebnisse aus den USA, Deutschland und der Schweiz:

- Musizierende Kinder steigern ihren Intelligenzquotienten.
- Ihre schulischen Leistungen verbessern sich.
- Ihr Sozialverhalten wird positiv beeinflusst.
- An Schulen mit so genanntem »erweiterten Musikunterricht« treten Gewalt und Vandalismus deutlich seltener auf.
- Ein umfassender Musikunterricht beeinträchtigt in keinster Weise die Leistungen in den anderen Fächern.

Ein Resultat, das Bewegung in die bildungspolitische Diskussion bringen sollte. Denn ein höheres Leistungsniveau und kreative, verantwortungsbewusste junge Menschen hat der Wirtschaftsstandort Deutschland dringend nötig, wie die Ergebnisse der PISA-Studie gezeigt haben.

Musizieren ist also nicht nur ein netter Zeitvertreib für Schöngeister. Es bildet Persönlichkeiten und prägt das Gesellschaftsbild auf nachhaltige Weise – wenn man ihm nur den Raum zum Wirken gibt. Doch die Situation an vielen Schulen ist erschreckend. Nach den Statistiken des Verbandes deutscher Schulmusiker fallen beispielsweise in Nordrhein-Westfalen und Hessen 80 Prozent des Musikunterrichts an Grundschulen entweder aus, oder das Fach wird von fachfremden Lehrern unterrichtet. Mittelkürzungen und Einsparungen sind überall an der Tagesordnung. In unserer technik- und leistungsorientierten Gesellschaft wird seit einigen Jahren vor allem Wert auf PC-Kenntnisse gelegt, während musische Fähigkeiten als Luxus oder »brotlose Kunst« gelten. Eine völlige Fehleinschätzung, wie Versuchsreihen in den USA und der Schweiz zeigen. Dort wurde der Musikunterricht auf fünf Wochenstunden ausgeweitet und der Mathematik- und Sprachunterricht im Gegenzug reduziert. Dennoch konnten die »Musikkinder« das allgemeine Niveau halten, mehr noch, sie zeigten insgesamt bessere schulische Leistungen, obwohl sie durch das Üben und die Orchesterproben zusätzlich belastet waren.

Woran liegt das? Amerikanische Forscher fanden heraus, dass Musizieren das Gehirn in hohem Maße stimuliert, weil es beide Gehirnhälften gleichzeitig fordert: zum einen die linke,»logische« Seite beim Lesen der Noten und beim Spielen des Instruments, zum anderen die rechte, kreative und»gefühlsmäßige« Seite. Auf diese Weise verbessert sich das räumliche Denkvermögen, was auch den Leistungen in den naturwissenschaftlichen Disziplinen zugute kommt. Das beste Beispiel hierfür ist nach wie vor Albert Einstein, der regelmäßig Geige spielte.

Aber auch die Bewegung der Finger beim Spielen, die Reize beim Berühren des Instrumentes regen die grauen Zellen an. In einer US-Studie schnitten Kinder, die ein halbes Jahr lang Keyboardspielen gelernt hatten, beim Bruch- und Prozentrechnen deutlich besser ab als ihre nicht musizierenden Mitschüler.

Diese sensationellen Ergebnisse gelten für alle Kinder, unabhängig davon, aus welchem sozialen Umfeld sie stammen oder ob sie eine offensichtliche musikalische Begabung zeigen!

02

Muss mein Kind begabt sein?

Kinder lieben Musik -
und der Rest lässt sich lernen!
Unmusikalische Kinder
gibt es nicht!

Singen Sie auch falsch?

Dann sind Sie in guter Gesellschaft. Es geht vielen Menschen so wie Ihnen. Sie möchten ein Lied singen, sie »hören« die Melodie in ihrem inneren Ohr auch richtig, aber aus dem Mund kommen die falschen Töne. Einmal darauf aufmerksam gemacht, verstummen die meisten – aus Angst vor der angeblichen Blamage. Schlimmer noch, sie trauen sich auch an kein Instrument. Denn die gängige Meinung ist: Wer falsch singt, ist unmusikalisch. Dieser simple Fehlschluss begegnet mir immer wieder. Er ist weit verbreitet und erklärt die Hemmungen so vieler Menschen vor dem aktiven Umgang mit Musik.

Singen ist die ursprünglichste Form des Musizierens und direkt mit unserem Organismus verbunden. Der ganze Körper und nur der Körper, ohne jegliche Hilfsmittel, funktioniert dabei als »Instrument«. Das ist eine sehr direkte Form des Ausdrucks. Gerade deshalb besteht hier aber auch die größte Gefahr, sich zu exponieren, zu »outen«. Was die meisten Menschen jedoch nicht wissen: *Singen kann man erlernen wie jedes andere Instrument auch.* Kleine Kinder haben oft noch keinen Bezug zu ihrer eigenen Stimme und müssen sie erst in ihrem Körper »finden«. Das geht am besten, indem sie viel singen, ihre Stimme ausprobieren und damit experimentieren. Ich habe selbst erlebt, wie Kinder, die anfangs völlig falsch sangen, mit ein wenig Geduld und Übung bald die richtigen Töne trafen und später erfolgreich ein Instrument erlernten.

Kritik hingegen schüchtert Kinder ein. Egal, wie falsch das Kind singt, es sollte für seine Leistung immer gelobt werden und ermutigt werden, weiterzumachen. Singen Sie doch einfach gemeinsam mit Ihrem Kind! Wenn Sie sich das nicht zutrauen, genügt ein positives Feedback. Viele musikalische Ambitionen finden leider schon im Kleinkindalter ein jähes Ende, weil Erwachsene das Singen von Kindern durch entmutigende Sprüche wie »Uh, du singst aber grässlich« abwürgen.

Falsches Singen kann viele Ursachen haben. Oft traut sich ein Kind nicht, den Mund aufzumachen und ist zurückhaltend. Oder in seiner Umgebung wird einfach wenig gesungen. Einmal kam ein dreijähriges Mädchen, Caroline, schüchtern in eine meiner Früherziehungsgruppen in der Musikschule. Sie wagte kaum den Kreis der anderen Kinder zu betreten. Zusammengekauert saß sie da und klammerte sich an ihr mitgebrachtes Kuscheltier. Zu Beginn jeder Stunde singen wir ein Eingangslied, bei dem die Kinder ihren Namen nennen. Nach einigen gehauchten Versuchen wurde Caroline mutiger und sang leise aber vernehmlich ihren Namen. Zwar traf sie noch nicht jeden Ton, aber wir feierten diesen großen Fortschritt, indem wir alle anerkennend klatschten. Im Lauf der Zeit wurde sie sicherer, und heute, mit vier Jahren, singt sie schön und richtig. Und mehr noch: Aus dem schüchternen kleinen Mädchen, das kaum den Mund aufzumachen wagte, ist ein fröhliches und selbstsicheres Kind geworden, das sich wie selbstverständlich musikalisch ausdrückt.

Das Gegenteil schien der vierjährige Stefan zu sein, der lautstark sofort in der Gruppe mitsang, jedoch falsch und scheppernd. Auch saß er anfangs immer außerhalb des Kreises. Das miteinander Spielen und aufeinander Hören, das wir in der Gruppe lernen, fand er »blöd«. Nur zum Singen fand er sich bereit, aber auch hier tanzte er durch seinen Geräuschpegel aus der Reihe. Nach und nach wurde er durch Belehrungen der Gruppe wie »Schrei doch nicht so« und »Wir wollen jetzt alle zusammen diese Geschichte spielen, mach einfach mit« in den Kreis geholt und fügte sich immer williger ein. Sein Singen klang nicht mehr wie das blecherne Scheppern einer Gießkanne, was sicherlich auch seine seelische Stimmung in diesem Moment widerspiegelte. Hinter seinem ersten Auftreten lag eine große Unsicherheit der Gruppe gegenüber, die er durch »Gebrüll« kaschieren wollte. Als diese Unsicherheit durch das aktive Musikmachen abgebaut wurde, nahm seine Stimme eine normale Tonlage an.

Kein Kind ist unmusikalisch

Nina war neun Jahre alt, als sie zu mir in den Klavierunterricht kam. In der Grundschule hatte sie sich im Fach Musik nicht sonderlich hervorgetan, ja, man hatte ihr sogar die Teilnahme am Chor verweigert. »Nina singt falsch und ist unmusikalisch«, lautete das vernichtende Urteil. »Dabei würde Nina so gern Klavier spielen lernen«, vertraute mir ihre Mutter an. »Das ist schon von klein auf ihr Wunsch. Aber macht es überhaupt Sinn, wenn Sie doch so unbegabt ist?«

»Kein Kind ist unmusikalisch«, erklärte ich der ratlosen Mutter, und so begann Nina, bei mir Stunden zu nehmen. Anfangs war ihre Hand eher schwach, die einzelnen Finger schafften es kaum, die Tasten gleichmäßig zu bedienen. Auch die Feinmotorik war nicht sehr stark ausgeprägt. Die manuellen Schwierigkeiten machte das Mädchen jedoch durch etwas anderes wett: Nina besaß von Anfang an die Fähigkeit, stetig und gründlich zu arbeiten.

Das Üben kostete sie viel Anstrengung, aber sie machte kontinuierlich Fortschritte. Zu Weihnachten legten ihre Großeltern zusammen und schenkten ihr ein elektronisches Klavier (das kaum in Ninas kleines Zimmer passte). Um die Nachbarn in dem Mietshaus nicht zu stören, konnte sie beim Üben Kopfhörer aufsetzen.

Ihr Selbstvertrauen wuchs in dieser Zeit, sie wurde immer mutiger und experimentierfreudiger und versuchte unter anderem, die Melodie des Titanic-Titelsongs ohne Notenblatt an ihrem Klavier nachzuspielen. Man merkte, wie viel Spaß sie am Musizieren hatte und wie jeder Erfolg sie beflügelte.

Inzwischen ist auch ihre Hand kräftiger und geschickter. Die Stücke, die sie spielt, werden immer anspruchsvoller, ihr Stil flüssiger. Sie hat es in den vergangenen zwei Jahren weit gebracht. Ihre Mutter ist heute froh über die Entscheidung, ihrer Tochter den Klavierunterricht ermöglicht zu haben, und voller Stolz verfolgt sie jeden Fortschritt.

Etwa zur gleichen Zeit wie Nina begann Laura mit dem Einzelunterricht bei mir. Sie war das, was man ein musikalisches Talent nennt. Sie besaß ein instinktives Gespür für die Musik und das Instrument, lernte schnell und war manuell geschickt. Doch sie hatte keine große Lust zum Üben. Ihre Mutter – erst seit kurzem alleinerziehend – hatte andere Sorgen, als sich um Lauras mangelnde Disziplin zu kümmern. So blieben die Lernerfolge aus, das Mädchen verlor die Lust. Laura wechselte den Lehrer, um einen neuen Anreiz zu schaffen. Aber die Unlust blieb – und so schliefen ihre Bemühungen ein. Laura hörte auf, Klavier zu spielen.

Diese beiden Beispiele verdeutlichen, wie wenig die Begabung letztendlich damit zu tun hat, ob ein Kind Spaß am Musizieren hat und damit auch Selbstbewusstsein entwickeln kann. Nina, die angeblich Unbegabte, ist heute weiter und spielt besser als die talentierte Laura. Nina hat durch das Musizieren deutliche Fortschritte in ihrer Persönlichkeitsentwicklung gemacht – weil sie bereit war, etwas dafür zu tun und weil ihr die Musik wichtig ist. Lauras Fall hingegen zeigt, dass alle Begabung nichts nützt, wenn die Unterstützung der Eltern fehlt.

Begleiten Sie den musikalischen Weg ihres Kindes deshalb mit Interesse – und manchmal auch, wenn es um das Üben geht, mit Strenge. Dann werden alle Seiten von seinen musikalischen Aktivitäten profitieren – Talent hin oder her!

03

Die ersten musikalischen Versuche von Kleinkindern

Selbst mit einfachen Mitteln können Eltern ein musikalisches Umfeld schaffen und bei ihren Kindern schon frühzeitig den Spaß an Musik wecken!

Die ersten musikalischen Eindrücke

Das Ohr ist das erste Sinnesorgan, das sich während der Schwangerschaft entwickelt: Bereits mit vier Monaten kann ein Embryo hören. Eingehüllt in warmes Fruchtwasser nimmt er das beruhigende Rauschen des Blutes, die Atemgeräusche und den regelmäßigen Herzschlag der Mutter wahr.

Der französische Arzt Alfred Tomatis, ein weltweit anerkannter Spezialist für Gehörforschung, fand in langjährigen Studien heraus, dass das Ungeborene die Stimme seiner Mutter erkennt und auf die Melodien reagiert, die sie ihm vorsingt.

Diese Erkenntnis verleitet so manchen zu der Forderung, man sollte schon während der Schwangerschaft Mozart und andere Klassiker hören. Das ist sicherlich sehr gut. Hier wollen wir uns jedoch auf die musikalische Förderung der Kinder nach der Geburt beschränken. Wobei das Wort »Förderung« sehr hochtrabend und kompliziert klingt. Denn es sind ganz einfache Dinge, mit denen Eltern ein musikalisches Umfeld schon für Säuglinge und Kleinkinder schaffen können:

- *Schlaflieder* gehören zu den ersten positiven Erfahrungen des Babys. Einfache Melodien zu sanften, wiegenden Bewegungen im Arm der Mutter oder des Vaters schaffen eine entspannte Atmosphäre und vermitteln dem Säugling das Gefühl von Geborgenheit.

- *Bewegungsspiele* auf dem Wickeltisch, bei denen die Mutter oder der Vater einfache Lieder singen und dabei die Arme und Beine des Kindes bewegen, stimulieren die Sinne und regen die Kommunikation zwischen Eltern und Kind an.

- *Kitzelverse, Handmärchen und Fingerspiele* begeistern schon Babys und später natürlich auch Krabbelkinder (Empfehlungen für entsprechende Bücher und CDs finden Sie im Anhang, Seite 196).

Kochlöffel & Co. –
der Einstieg in die Musik

Mit anderthalb bis zwei Jahren wird die häusliche Umgebung immer interessanter. Was steckt da alles in Mamas Küchenschränken? Töpfe, Kochlöffel und Reiben werden herausgeholt, und mit etwas Phantasie und Anleitung können sie zum Musizieren zweckentfremdet werden. Selbst mit einfachsten Mitteln lassen sich »Instrumente« basteln. Zwei Joghurtbecher, mit Reis gefüllt und aufeinander geklebt, ergeben eine herrliche Rassel, leere Dosen werden zu Trommeln, und der Kochlöffel dient als Schlägel. Küchenutensilien und Selbstgebasteltes regen die Kreativität des Kindes in dieser Entwicklungsphase weit mehr an, als die unzähligen bunten »Plastikinstrumente« aus den Kaufhausregalen.

Klappt die einfache Handhabung dieser Gerätschaften, können die Eltern mit ersten Rhythmusübungen beginnen: Tam-tam-tammm, kurz-kurz-lang, schlägt die Mutter beispielsweise mit dem Löffel auf den Topf, bringt auf diese Weise Takt in die Geräuschkulisse und fördert das rhythmische Empfinden des Kindes.

Eine andere Möglichkeit, Kinder für Musik zu interessieren, sind einfache, kurze Lieder, die mit Geräuschen untermalt werden:

Während das Lied gesungen wird, sitzen alle im Kreis. Bei *Huuuuh macht der Wind* wuscheln alle mit einem Schneebesen über einen Topf, eine Schüssel oder eine Küchenreibe.

Das Lied wird drei Mal gesungen:

- Beim ersten Mal klopfen alle in einem durchgehenden Rhythmus auf den Tisch,

- beim zweiten Mal stapfen alle im Kreis um den Tisch,

- beim dritten Mal stehen alle im Kreis und deuten mit den Händen bzw. Fingern Blumen, Klee, Trauben und Schnee an.

Auch das bekannte Kinderlied *Alle meine Entchen* kann entsprechend begleitet werden: Die Sänger laufen in einem durchgehenden Rhythmus im Kreis, oder sie schlagen sitzend den Rhythmus des Liedes mit den Händen auf Kochtöpfe.

Zugegeben, diese ersten Versuche zeichnen sich weniger durch Schönheit als durch Lautstärke aus. Und ich kann verstehen, dass die Nerven der Eltern durch die Geräuschkulisse nicht selten strapaziert werden. Es ist aber sehr wichtig, diese ersten Versuche der Kleinen zuzulassen. Sie sind Zeichen der Neugierde des Kindes auf die Welt der Klänge und Töne. Und je mehr Eltern auf diese Experimentierfreude eingehen und selbst mitmachen, desto eher wird das Kind einen Zugang zur Musik finden. Stellen Sie sich in solchen Situationen bitte einfach die Frage: Was ist auf Dauer besser – ein wenig Lärm oder ein frustriertes Kind? Denn Kinder lassen sich schnell entmutigen. Kritik und zu frühes Korrigieren kann dazu führen, dass die Kleinen gänzlich die Lust an der Sache verlieren. Manchen Eltern kribbelt es vielleicht in den Fingern, den Kleinen den Taktstock aus der Hand zu nehmen, um ihnen zu zeigen, wie es »richtig« geht. Mein Rat: Nehmen Sie sich in diesen Fällen zurück. Das Kind möchte Musik jetzt selbst ausprobieren und seine eigenen Erfahrungen machen. Es hat in diesem Alter einen großen Drang nach eigenständigem Handeln. Diplomatisches Anleiten und kommentarloses Mitmachen sind die beste Art der Frühförderung.

Eine Schwalbe macht noch keinen Sommer …

… heißt es im Volksmund. Das gilt auch für die musikalische Frühförderung. Musik ist Kommunikation, sie will gemeinsam erlebt werden. In meine Musikschule kommen immer wieder Eltern, die während der ersten Gespräche aufzählen, welche Instrumente ihre Kinder bereits haben: ein Mini-Keyboard, eine Melodika, ein Glockenspiel. »Aber merkwürdig«, so fügen sie meist hinzu, »eigentlich spielt meine Tochter/mein Sohn gar nicht viel damit.« Kein Wunder, denke ich dann. Ein musikalisches Umfeld zu schaffen heißt nicht, dem Kind möglichst viele Instrumente zur Verfügung zu stellen. Es bedeutet in erster Linie, *zusammen* mit den Kindern Musik zu machen. Es reicht nicht, ein Instrument ins Zimmer zu stellen und zu hoffen, dass der Sohn oder die Tochter damit spielt. Erst durch das gemeinsame Spiel, die sanfte Anleitung, wird das Interesse der Kinder geweckt. Wenn Mama das Tamburin schlägt und mit der Tochter im Kreis tanzt, macht es der Kleinen erst richtig Spaß. Wenn Opa für seinen Enkel mit einer Rassel, einem Löffel oder einer Trommel den Takt schlägt, erfährt der Junge, wie verbindend Musik sein kann. Kinder sehen und hören in solchen Momenten, dass Musik etwas Lebendiges ist und die Menschen mit der Musik aufleben.

Dem Kind Aufmerksamkeit schenken, es ermuntern und ermutigen können auch Eltern, die sich selbst nicht als musikalisch bezeichnen, die kein Instrument spielen und nicht schön singen. Die emotionale Unterstützung ist für das Kind zu jeder Zeit wichtiger, als die fachliche Kompetenz der Eltern in Sachen Musik.

Ein musikalisches Umfeld zu schaffen heißt auch nicht, den ganzen Tag lang das Radio laufen zu lassen. Unsere Kinder sind heute in weit stärkerem Maße akustischen Reizen ausgesetzt, als frühere Generationen. Nicht selten sind ihre Sinne dabei überfordert. Statt die Reizüberflutung noch zu verstärken, sollte man auf bewusste Hörwahrnehmungen setzen. Das kann ein Spaziergang in der freien Natur sein, bei dem man sein Kind auf die Stimmen der Vögel oder das Rauschen eines Baches aufmerksam macht. Das kann aber auch das konzentrierte Anhören einer Liederkassette sein (entsprechende Empfehlungen finden Sie im Anhang, Seite 196).

Musik made in Taiwan

Paul hat zur Früherziehungsstunde seine neueste Errungenschaft mitgebracht: ein elektronisches Mini-Klavier. Das habe er gestern von seinen Großeltern geschenkt bekommen, erklärt er voller Stolz. Paul ist gerade vier geworden, und weil Oma und Opa wissen, dass ihr Enkel seit neuestem sein Interesse für Musik entdeckt hat, wollen sie das gern unterstützen.

Es sind oft die Großeltern, die lieb gemeinte Kinderinstrumente kaufen und dabei nicht selten tief in die Tasche greifen. Sie hoffen, dass Plastik-Keyboard & Co. den Kleinen den Einstieg ins Musizieren schmackhaft machen, weil sie auf den ersten Blick handlich und kindgerecht wirken.

Bei näherer Betrachtung stellt sich aber meist heraus, dass Spielzeug-Instrumente eine schlechte Klangqualität haben. Sie werden nicht selten nach dem Motto hergestellt (und gekauft): Hauptsache schön bunt, denn das mögen Kinder, und die Klangqualität spielt bei den Kleinen ja noch keine so große Rolle – da darf es ruhig ein wenig scheppern.

Das jedoch ist ein großer Irrtum. Kleine Kindern stehen am Anfang ihrer Erfahrung mit der Tonwelt. Darum ist es wichtig, von Anfang an auf einen guten Klang zu achten; denn in diesem Alter legt man den Grundstein für jedes spätere Klangempfinden.

Bei elektronischen Spielzeug-Instrumenten kommt ein weiterer Aspekt hinzu. Egal, wie schwach oder wie kräftig das Kind auf die Tasten drückt – es erklingt immer derselbe, gleich bleibende Ton. Bei einem »echten« Klavier jedoch verändert sich der Ton je nach der Stärke des Anschlags. Das Kind erfährt auf diese Weise, dass sein Tun eine unterschiedliche Wirkung hervorrufen kann. Oder anders formuliert: Es lernt, dass es etwas Bestimmtes tun muss, um einen bestimmten Ton zu erzeugen. Bei einem Keyboard ohne Klangdynamik entsteht dieser Lerneffekt nicht. Der Klang steht in keinem Zusammenhang mit dem Anschlag des Kindes und damit auch seiner seelischen Beteiligung. Das Instrument ist sozusagen seelenlos.

Die Musikindustrie im Spielwarenbereich spuckt eine Menge von Produkten aus, bei denen Kinder nur auf einen Knopf drücken müssen, um Töne zu erzeugen. Mit all diesen Dingen fördert man sein Kind nicht. Es sind nette Spielzeuge, die kurz angeschaut und wenig später in die Ecke gestellt werden. Ich empfehle deshalb, von Anfang an nach Möglichkeit »richtige« Instrumente zu kaufen. Dazu muss man sich nicht gleich ein Klavier in die Wohnung stellen. Das Beste ist, man kauft in einem Musikgeschäft ein Instrument, das dem Alter des Kindes entspricht. Und zwar ein Instrument, bei dem das Kind erlebt, dass die erzeugten Töne und Geräusche je nach Behandlung des Instruments unterschiedlich klingen (zum Beispiel temperamentvoll oder zart, schnell wie ein Pferd oder langsam wie eine Schnecke ...). Auf diese Weise werden die Kreativität und Phantasie gefördert, und das Kind wird zum Experimentieren angespornt.

Instrumente für Kleinkinder

Wir sollten immer im Hinterkopf behalten, dass bei den Kleinsten Spiel und Spaß der Antrieb zu allem Tun ist. Erwarten Sie deshalb anfangs nicht zu viel. Die Konzentrationsfähigkeit der Kleinen liegt bei wenigen Minuten, langes Stillsitzen ist selbst für Kindergartenkinder noch sehr schwierig. Am meisten Spaß bringt ihnen deshalb eine Mischung aus Bewegung und Musik. Ein einfaches Lied singen, dazu im Rhythmus gehen oder den Takt schlagen oder kleine Tanzspiele (wie der *Bi-Ba-Butzemann*) sind hier angebracht.

Zu komplizierte Instrumente jedoch nehmen ihnen schnell die Freude an der ganzen Sache. Neben Kochlöffel & Co. gibt es vor allem drei Instrumente, die bereits für Ein- bis Dreijährige geeignet sind.

Tamburin

So mancher wird die kleine, flache Handtrommel mit den Schellen am Rand nicht als klassisches Instrument betrachten: »Damit kann man ja gar keine Melodie spielen.« Muss man auch nicht. Meines Erachtens ist das Tamburin das ideale Einstiegsinstrument …

- … *weil es handlich ist*: Schon kleine Kinder können es gut in den Händen halten und bereits durch leichte Bewegungen Geräusche erzeugen.

- … *weil es mobil ist:* Das Kind kann sich mit dem Tamburin durch die Wohnung bewegen und muss nicht still sitzen bleiben.

- … *weil es Rhythmusgefühl vermittelt:* Zum Taktschlagen ist die Handtrommel ideal und wird daher auch häufig bei Bewegungsspielen in Kindergarten und Schule oder bei der Gymnastik eingesetzt.

- … *weil es die Phantasie anregt:* Das Tamburin ist vielseitig: Mal kann es wuscheln wie eine Maus im Stroh, dann lässt es Blätter im Wind rauschen, dann klopft jemand Tok-Tok-Tok an die Tür. Ein großer Wirbel mit beiden Händen erzeugt Donner, ein kleiner mit den Fingern getrommelt, klingt nach Regen usw. Auf diese Weise kann das Instrument zur Untermalung von Geschichten dienen.

Glockenspiel

Das Glockenspiel (oder Xylophon) hat viele Vorzüge: Es ist robust und darum gut geeignet für tapsige Kinderhände, es vermittelt erste »echte« Klangerlebnisse mit verschiedenen Tonhöhen, und die Kinder lernen die unterschiedliche Wirkung ihrer Schläge kennen: Sie können ganz leise und zart spielen oder laut und heftig. Sie lernen »Vögelchen-Töne« kennen (hoch und leicht) oder »Bären-Töne« (tief und schwer).

Oft sind die ersten Versuche noch etwas ungelenk. Das eine Kind spielt schüchtern, das andere wild, je nach Temperament. Aber durch eine genaue Vorstellung, was man gemeinsam darstellen möchte (Bären, Vögel, einen Wettlauf beider im Wald oder etwas Ähnliches) werden die spieltechnischen Fähigkeiten und das Klangempfinden der Kinder entwickelt. Beim Kauf eines Glockenspiels sollten Sie auf Folgendes achten:

- *extra breite Klangblöcke:* Kleinkinder sind motorisch noch nicht geschickt genug, um schmale Klangblöcke exakt zu treffen. Sie schlagen leicht daneben oder treffen zwei Blöcke auf einmal. Sehr breite Klangblöcke fördern das Erfolgserlebnis für die Kleinen.

- *bunte Klangblöcke:* Eine farbliche Unterscheidung macht es den Kindern leichter, die Töne zu finden. Selbst für Fünfjährige ist es schwierig, die Klangblöcke nacheinander zu spielen, wenn sie alle die gleiche Farbe, oftmals Braun, haben.

- *weiche Schlägel:* Kinder schlagen anfangs gern kräftig zu – wenn der Schlägel aus einem harten Material besteht, ist das auf die Dauer nicht nur schlecht für das Instrument, sondern auch für das Klangempfinden. Ein weicher Schlägel, z.B. mit Filzkopf, dämpft den Ton und schont Ohren und Tasten.

Am besten, Sie fragen im Fachhandel gezielt nach den genannten Kriterien und lassen sich das Instrument im Geschäft vorspielen. Kaufen sollten Sie immer das mit dem schönsten Klang.

Bongo-Trommel

Bongos bestehen aus zwei Trommeln (mit unterschiedlicher Tonhöhe), die durch einen Griff miteinander verbunden sind. Jede der beiden Trommeln hat eine andere Tonhöhe. So lädt das Instrument schon Kleinkinder zum Experimentieren mit verschiedenen Klängen ein. Bongo-Trommeln haben eine Reihe von Vorteilen:

● *Die Töne werden hautnah erlebt:* Mit der nackten flachen Hand können schon die Kleinsten auf die Trommel patschen und dabei eine neue Klangwelt schaffen. Beide Hände werden mit einer sehr natürlichen Haltung zum Spielen eingesetzt. Bongo-Trommeln bieten mehr Möglichkeiten als ein Tamburin. Sie sind lauter und gleichzeitig geheimnisvoller.

● *Das Taktempfinden wird geschult:* Ähnlich wie beim Tamburin können die Kinder einfache Rhythmusvorgaben spielen und auf diese Weise Tänze und Lieder begleiten. Allerdings sollte man beim Spielen vor dem Instrument sitzen, ebenso wie beim Xylophon. Beide Instrumente sind zu schwer und zu komplex, um mit ihnen spielend durchs Zimmer zu spazieren.

● *Sie sind für jedes Alter passend:* Bongo-Trommeln gibt es in verschiedenen Größen, so dass Eltern genau die richtige für ihr Kind kaufen können (Preisangaben siehe Seite 120 f.).

Eltern kaufen gern auch Klangstäbe – das sind zwei Hölzer, die aufeinander geschlagen werden – oder einen Triangel. Ich habe jedoch immer wieder festgestellt, dass diese Instrumente für Kleinkinder oft noch zu kompliziert sind. Klangstäbe müssen in beiden Händen gehalten und dann gegeneinander geführt werden, der Triangel muss hoch gehalten werden. Damit sind Kinder zwischen eineinhalb und zweieinhalb Jahren häufig überfordert, weder ihre Kraft noch ihre Motorik und ihre Konzentrationsfähigkeit reichen hierfür aus. Auch die so genannte Melodika ist schwierig zu bedienen, da die Kinder gleichzeitig hineinblasen und die Töne greifen müssen.

04

So schaffen Sie ein musikalisches Umfeld für Kindergarten-kinder

*Volkslieder gehören nicht
in die Mottenkiste,
und Papa sollte sich ruhig
mal wieder ans Klavier setzen!*

Volkslieder gehören nicht in die Mottenkiste

Es gibt eine Vielzahl von Liedern, die speziell für Kindergartenkinder geschrieben wurden und sowohl im Unterricht als auch zu Hause gesungen werden können. Viele dieser Lieder lassen sich mit pädagogischen Zielsetzungen verbinden. So eignet sich ein Lied besonders zur rhythmisch-tänzerischen Gestaltung (wie zum Beispiel *Eine Tripp, eine Trapp, eine Tripptrappmaus*), ein anderes ist ein gesungener Sprachreim (wie zum Beispiel *Auf der Mauer, auf der Lauer sitzt 'ne kleine Wanze*). Wieder andere kann man besonders gut mit Instrumenten begleiten usw. In der musikalischen Früherziehung, wie ich sie praktiziere, spielen darüber hinaus Volkslieder eine große Rolle.

Viele dieser alten Lieder haben ein Märchen oder eine Legende zur Grundlage, andere verzaubern durch eine wunderschöne Melodie. Noch immer singen wir Weihnachtslieder, die vor langer, langer Zeit geschrieben worden sind.

Auch viele berühmte Kompositionen beruhen auf einfachen Volksliedern, die seit Generationen mündlich weitergegeben wurden. Dieses wunderbare kulturelle Erbe sollte nicht in der Mottenkiste landen, sondern gepflegt werden.

In meinem Unterricht stelle ich immer wieder fest, dass die Kinder Volkslieder besonders gern singen. Oft erzähle ich das dazu passende Märchen; gibt es aber keines (wie z.B. bei dem Lied *Wir lieben die Stürme, die brausenden Wogen, der eiskalten Winde raues Gesicht*), illustriere ich das Lied mit einer selbst ausgedachten, phantasievollen Geschichte. Die meisten Volkslieder sind in Text und Melodie sehr ausdrucksstark. Die Phantasie vier- bis sechsjähriger Kinder kann mit einem spannenden alten Lied nachhaltig beflügelt werden, wie das folgende Beispiel zeigt. Einmal sangen wir in einer Musikstunde ein bayerisches Ritterlied mit einer passenden Geschichte dazu. In der nächsten Woche erschien Daniel in voller Montur. Zwei Schwerter und ein Messer lugten unter seiner Jacke hervor. Wie ein echter Ritter schritt er würdevoll zur Tür herein und begrüßte die staunende Gruppe mit ernsthafter Miene und folgenden Worten:»Ich komme in Waffen. Sind Waffen erlaubt?« Auf meine ebenso ernsthafte, aber verneinende Antwort fragte er:»Wo kann ich sie ablegen?« Keines der Kinder lachte, so realistisch wirkte die Situation. Ja, die anderen Jungen der Gruppe gingen sofort zum Tisch, auf dem Daniel sein Kriegswerkzeug abgelegt hatte und begutachteten fachmännisch das »Eisen«. Natürlich sangen wir daraufhin das Ritterlied gleich noch einmal …

Darüber hinaus erweitern Volkslieder den geschichtlichen und sprachlichen Horizont. Beim Singen lernt man nicht nur etwas über die eigene Kultur, sondern – wenn man Volkslieder aus anderen Ländern singt – auch etwas über fremde Völker.

Man muss aber nicht unbedingt in fremden Kulturräumen und Sprachen suchen, um Neues zu entdecken. Oft ist ein Volkslied in einem deutschen Dialekt verfasst, den man zunächst einmal nicht versteht. Der achtjährige Jost übte in der Klavierstunde folgendes Volkslied mit mir: *Schusterbua, Schusterbua, gib ma´s Leder au dazua* … Nach dem ersten Durchspielen lasen wir den Text. »Was ist denn ein Schuauabua?«, rätselte Jost. »Schusterbua heißt es«, korrigierte ich ihn. »Ach ich weiß! Das ist eine Schlange, eine Bua Konstruktor!«, rief er begeistert, und ich brach in schallendes Gelächter aus. Auf seinen etwas pikierten Blick hin erklärte ich ihm die seltsame Sprache des Liedes. Da wir in Hamburg wohnen, mussten wir erst einmal klarstellen, wo Bayern liegt und dass man dort zwar deutsch spricht, die Aussprache (der Dialekt) aber völlig anders klingt. Außerdem haben wir uns überlegt, was ein Schuster ist. Ich versuchte, Jost den Unterschied zwischen *Mr. Minit* und einem Schuster zu erklären. Die »Bua Konstruktor« haben wir trotzdem über die Noten gemalt und das Lied anschließend mit großem Gekichere gespielt …

Autofahren muss nicht langweilig sein!

Ich erinnere mich an viele Autofahrten in den Urlaub, bei denen wir mit unseren Eltern gesungen haben. Das Singen war ein prima Zeitvertreib und half wirksam gegen meine unvermeidliche Übelkeit während langer Autofahrten. Singen zwingt zu einer einigermaßen aufrechten Haltung. Außerdem muß man dabei ordentlich atmen. Beides hilft gegen Übelkeit. Wenn Kinder und Eltern gemeinsam singen, ist das vor allem eine beglückende Erfahrung, zugleich aber auch ein Alternativprogramm zu Streit, Nörgeleien und der unvermeidlichen Fragerei kleiner Kinder: »Wie lange dauert´s noch? Wann sind wir da?«

Wir haben auf unseren Urlaubsfahrten alte und neue Lieder gesungen. Doch Fragen zum Text des Gesungenen haben mein Bruder und ich hauptsächlich bei den älteren Liedern gestellt. Daraus ergaben sich interessante Gespräche. Aber wir liebten auch Endloslieder wie *Die Affen ra-*

sen durch den Wald oder *Meine Oma fährt im Hühnerstall Motorrad*. Unter den oft gequälten Blicken unserer Eltern konnten wir stundenlang in wachsender Lautstärke dieselben Lieder immer und immer wieder herunterleiern. Sie hatten einen lustigen Text und einen schwungvollen Rhythmus. Darüber brauchte man keine tiefsinnigen Gespräche zu führen. Es machte einfach Spaß, sie zu singen.

Mit unserer Tochter haben wir alle Lieder ausprobiert, die wir finden konnten. Sie sang alle gern mit, egal ob alt oder neu. Mein Tipp für das Kaufen von Liederbüchern lautet deshalb: Nehmen Sie nicht nur das Buch mit den niedlichsten Bildern oder den allerneuesten Liedern in die Hand, sondern ziehen Sie ruhig auch einmal eines mit älteren Liedern aus dem Regal. Am besten ist immer ein Liederbuch mit alten und neuen Liedern aus mehreren Ländern.

Falls Sie sich nicht trauen, diese Lieder mit den Kindern zu singen, sie vielleicht nicht kennen und obendrein auch

die Noten nicht lesen können, ist das nicht schlimm. In diesem Fall können Sie zu einem Liederbuch mit CD oder einer Musikkassette mit Liedern und Texten greifen (Empfehlungen hierfür finden Sie im Anhang, Seite 196). Alle Kinder freuen sich, wenn Papa und Mama mit ihnen singen. Ob Sie dabei richtig oder falsch singen, spielt keine Rolle. Hauptsache, Sie musizieren gemeinsam! Es könnte beinahe der Eindruck entstehen, als sollten Sie mit Ihrem Kindergartenkind nur im Auto singen. Das stimmt natürlich nicht! Zu Hause macht es mindestens ebenso viel Spaß. Außerdem können sie dort auch zu Instrumenten greifen, die wegen ihres Geräuschpegels und ihrer Größe nicht ganz so gut in ein Auto passen. Das führt uns zu der Frage, welche Instrumente sich überhaupt für drei- bis sechsjährige Kinder eignen. An erster Stelle stehen hier die *Orff-Instrumente*. Sicherlich möchten Sie nicht das gesamte Instrumentarium zu Hause stehen haben, aber einige Instrumente lohnen die Anschaffung. Schenken Sie sie doch zu Weihnachten oder zum Geburtstag!

Welche Orff-Instrumente lohnen den Kauf?

Das Tamburin, das Glockenspiel und die Bongo-Trommeln habe ich bereits als ideale Einstiegsinstrumente schon für die Allerkleinsten empfohlen und beschrieben (siehe Seite 31 f.). Diese Instrumente eignen sich natürlich auch für ältere Kinder. Bei drei- bis sechsjährigen Kindern kann man zusätzlich etwas kompliziertere Instrumente wählen, z.B. den Triangel, den Regenstab, Klangstäbe oder die Blockflöte. Abgesehen von der Blockflöte können Sie mit all diesen Instrumenten wunderbar gemeinsam musizieren, selbst wenn Sie kein Instrument spielen und bisher keine Erfahrung im Musizieren haben.

Triangel

Das dreieckige Metall-Instrument gibt es in verschiedenen Größen. Sein Ton erinnert an Glocken. Ein kleiner Triangel klingt sehr hoch, je größer er ist, desto tiefer ist sein Ton. Triangel werden mit einem Metallstab gespielt. Dabei muss der Triangel an einem Band gehalten werden und nicht am Metall, sonst klingt er stumpf. Das Instrument baumelt an diesem Band allerdings herum, und es ist schwierig, mit dem Stab die Klangfläche zu treffen.

Hat man die Auswahl zwischen einem kleinen und einem großen Triangel, sollte man den wählen, der zum Alter und zur Körpergröße des Kindes passt. Je älter das Kind ist, desto größer kann das Instrument sein. Ideal sind auch zwei bis drei unterschiedlich große Triangel. Sie ermöglichen eine größere Vielfalt beim Spielen, und die ganze Familie kann einbezogen werden. Sind darüber hinaus noch ein Glockenspiel oder einige Klangblöcke vorhanden, kann man wunderschön musizieren.

Regenstab

Der Regenstab ist ein afrikanisches Instrument, das bei den Kindern in der musikalischen Früherziehung sehr beliebt ist.

Er ist aus Holz, innen hohl, mindestens einen halben Meter lang, und sein Durchmesser beträgt etwa acht Zentimeter. Aufgrund seiner Größe ist er für ganz kleine Kinder nicht geeignet, frühestens ab drei Jahren sind Kinder in der Lage, mit diesem Instrument umzugehen.

Der Regenstab ist mit Körnern gefüllt, die beim Bewegen den Eindruck von fallendem Regen vermitteln. Wird der Stab schnell auf den Kopf gestellt, rauscht das »Wasser« schnell und wild, dreht man ihn langsam, hört man einen leichten Regen. Das Instrument hat einen schönen Klang und ist sehr stimmungsvoll.

Klangstäbe

Klangstäbe dürfen nicht mit Klangblöcken verwechselt werden! Klangblöcke sind einzelne Instrumente, die zusammengesetzt ein Xylophon ergeben können. Man kann sie einzeln kaufen und spielen. Jeder Block erzeugt einen Ton der Tonleiter. Wenn man verschiedene Klangblöcke gleichzeitig spielt, können sie als Melodie-Instrumente eingesetzt werden.

Klangstäbe hingegen bestehen aus zwei Hölzern, die gegeneinander geführt werden. Sie sind reine Rhythmusinstrumente. Da sie aus Massivholz bestehen, haben sie einen anderen Klang als eine Trommel und sind als Farbtupfer im Schlagzeug sehr geeignet. Beim Kauf von Klangstäben sollten Sie immer mehrere Instrumente testen und die mit dem schönsten Klang wählen!

Blockflöte

In vielen Haushalten findet sich irgendwo eine Blockflöte. Mama zuckt zusammen, wenn der dreijährige Sprössling ohne Vorwarnung voller Inbrunst hineinpustet. Denn der gellende Pfeifton schmerzt.

So oder so ähnlich beginnen die ersten Versuche der Kleinen mit der Blockflöte. Das kann man vermeiden, indem man das Instrument erst hervorholt, wenn das Kind halbwegs in der Lage ist, darauf zu spielen, also mit fünf bis sechs Jahren. Dann empfiehlt es sich, dem Kind zu zeigen, wie die ersten Töne gespielt werden. Entweder geschieht dies in einer Orff-Gruppe, in einer Flötengruppe oder Sie machen es selbst vor. In jedem Fall wird der Sprössling sicherlich nicht in seinen kreativen Versuchen entmutigt, wenn sie mit einem gewissen Wohlklang verbunden sind!

Oft taucht die Frage auf: Kunststoff- oder Holzflöte? Für Anfänger werden generell Kunststoffflöten empfohlen, weil sie auf Speichelflüssigkeit unempfindlicher reagieren als Holzflöten.

Papa, spiel doch mal wieder Klavier!

Oft gibt es zu Hause aber auch ein »richtiges« Instrument. Eine Geige verstaubt auf dem Schrank, eine Klarinette schläft in ihrer Kiste, und ein Klavier wird ausschließlich beim wöchentlichen Hausputz beachtet, zumindest von den Erwachsenen. Auf die Kinder hingegen üben solche Instrumente eine magische Anziehungskraft aus. Setzt man sich mit einem neun Monate alten Kind an ein Klavier, beginnt es sofort, neugierig darauf herumzupatschen. Ein zweijähriges Kind kann das schon im Stehen, und ein Kindergartenkind klettert auf einen Stuhl und improvisiert fröhlich drauflos. Warum ist das so?

Die »Handhabung« eines Klaviers ist zunächst einmal sehr einfach. Man tippt auf die Tasten, und schon kommen Töne heraus. Und die klingen nicht einmal schrill oder falsch! Welch ein Erfolg: Die gedrückte Taste erzeugt in jedem Fall einen richtigen Ton.

Eltern, die mit ihren Kindern in meine Früherziehungskurse kommen, erzählen mir von diesen ersten Versuchen ihrer Kinder am Klavier. Sie berichten, mit welcher Begeisterung die Kleinen bei der Sache sind. Auf meine Nachfrage, ob sie, die Eltern, denn selbst auch Klavier spielen, erhalte ich oft folgende Antwort: »Na ja, ich habe als Kind Klavierunterricht erhalten. Das Klavier stammt noch aus dieser Zeit. Aber ich habe schon viele Jahre nicht mehr gespielt.«

»Warum denn nicht?«, frage ich nach.

»Ja, irgendwie habe ich keine Zeit. Ich müsste ja mal wieder spielen. Ich würde auch gern Stunden nehmen, aber …«

Ja, warum eigentlich nicht?!

Warum sollen nur die Kinder Spaß an Musik haben? Oder anders gefragt: Wie sollen denn Kinder verstehen, dass sie zum Musizieren angeregt werden, solange die Eltern sich weigern, eine Taste anzurühren?

Besser ist, Sie gehen mit gutem Beispiel voran. Bei älteren Kindern bewirkt ein musizierender Papa, der sich auch mal ein bisschen abmühen muss mit einer Passage, mehr als die Aufforderung »Du musst heute noch üben«! Hört der Sprössling dann noch, dass sein Papa tatsächlich spielen kann, weiß er wenigstens, dass sich die Mühe des Übens lohnt. Und kleinere Kinder werden durch das Klavierspielen für die Musik begeistert.

Das Musizieren »zum Anfassen« hinterlässt einen weit größeren Eindruck bei den Kindern, als eine CD, zu der sie keinen greifbaren Bezug haben. Darüber hinaus schafft das Musizieren im eigenen Heim eine entspannte Atmosphäre. Und schließlich: Die Eltern sollen doch auch ihren Spaß haben – nicht nur die Kinder! Oder?

Musik »aus der Dose«

Eine weitere gute Möglichkeit, ein musikalisches Umfeld für Kindergartenkinder zu schaffen, ist das Hören von Musikkassetten oder CDs. Auf manchen dieser Tonträger findet sich nur Musik. Andere bereiten bekannte Musikstücke kindgerecht auf, indem die Musik von einer passenden Geschichte durchbrochen und begleitet wird. Wieder andere sind speziell für Kinder komponierte kleine Musicals (entsprechende Empfehlungen finden Sie im Anhang, Seite 196).

All diese Möglichkeiten sind sicherlich sinnvoll, doch für Kinder werden sie erst dann besonders interessant, wenn die Kassetten und CDs gemeinsam mit der Familie angehört werden.

Anschließend können Sie mit Ihrem Kind über seine Eindrücke sprechen, die einzelnen Melodien nachsummen oder sie einfach noch einmal anhören. Die Kleinen lernen dabei, dass Musik ein selbstverständlicher Teil des Familienlebens ist.

Musikbücher

Es lohnt sich auch, Musikbücher mit den Kindern zu lesen. Die Themen dieser Bücher sind weit gestreut: Geschichten über Musik allgemein, einzelne Musikstücke, Instrumente, Komponisten, die Oper usw. Leider ist die Auswahl an altersgerechter Literatur für drei- bis fünfjährige Kinder in Deutschland sehr begrenzt, der größte Teil des Angebots richtet sich an Kinder im Grundschulalter. Auch Liederbücher für ganz kleine Kinder, mit deren Hilfe sie das Notenlesen lernen können, sind schwer zu finden. Zu meinem großen Bedauern bekam ich als Antwort auf meine letzte Anfrage die entmutigende Feststellung: »Tut uns Leid, das Buch ist vergriffen!« Im Hinblick auf kindgerechte Musikliteratur herrscht also großer Nachholbedarf!

Wie wär's denn mal mit Oper?

Eine schöne Freizeitgestaltung ist auch der Besuch einer Opern- oder Musicalaufführung für Kinder (in vielen Städten gibt es auch regelmäßig so genannte Kinder- und Jugendkonzerte!). Achten Sie aber beim Kauf der Karten auf die Altersangaben für das Stück, das Sie sich gemeinsam ansehen wollen. Wenn es noch zu schwierig oder zu lang ist, werden die Kleinen unruhig, und keiner hat etwas davon. War der Besuch jedoch ein Erfolg, prägen sich die Bilder auf der Bühne und die Musik für lange Zeit ein. Ich kann mich nicht an jedes Konzert erinnern, dass ich als kleines Kind mit meinen Eltern besucht habe, aber von der Kinderoper *Hänsel und Gretel* sind mir bis heute viele Details im Gedächtnis geblieben! Eine ähnlich eindrucksvolle Wirkung haben Musikfilme. Den »Live-Effekt« auf der Bühne können sie jedoch nie ganz ersetzen.

05

Was geschieht in einer Musikschule?

Von der Früherziehung bis zum Instrumentalunterricht – Musikschulen bieten eine Fülle von Möglichkeiten!

Das Angebot einer Musikschule

In staatlichen Jugendmusikschulen, in privaten Musikschulen und oft auch in der Volkshochschule, in Bildungsstätten und Bürgerhäusern und Kindergärten werden Kurse nicht nur zum Erlernen eines Instruments, sondern auch zur musikalischen Früherziehung angeboten (siehe Anhang, Seite 196).

Der Begriff »musikalische Früherziehung« bezeichnet im Allgemeinen die gesamte musikalische Ausbildung von Kindern im Alter von zwei bis sechs Jahren und im Besonderen ein Kursangebot der Musikschulen für drei- bis vierjährige Kinder; die jeweilige Bedeutung des Begriffes geht im Folgenden aus dem Zusammenhang, in dem er verwendet wird, hervor.

Die musikalische Früherziehung findet in Gruppen mit sieben bis zwölf Kindern (je nach Musikschule) statt. Manche Schulen beginnen sehr früh mit Kleinkindgruppen (Kinder ab etwa zwei Jahren, siehe Seite 55), andere erst mit vierjährigen Kindern. Es lohnt sich jedoch immer, nach Gruppen für kleinere Kinder zu fragen und notfalls anzubieten, selbst weitere Interessenten für solch einen Kurs zu werben. Oft erklären sich die Lehrer dann bereit, auch diesen Bereich abzudecken. Es kann aber auch passieren, dass Sie auf eine Warteliste gesetzt werden. Dann sollten Sie sich nach Alternativen umsehen, denn die Entwicklung Ihres Kindes schreitet schnell voran. Falls Ihr Kind auf einer Warteliste für Zweijährige steht, aber erst in 12 Monaten einen Platz bekommt, passt es ja nicht mehr in die entsprechende Altersgruppe.

Die Dauer eines Kurses beträgt in der Regel ein Jahr. Mehrere Kurse bauen aufeinander auf und bereiten die Kinder auf den Instrumentalunterricht vor. Dieser beginnt mit etwa sechs Jahren im Einzel- oder Gruppenunterricht (zwei bis sechs Kinder). Hierbei gilt: Je kleiner die Gruppen, desto größer der Lerneffekt. Zusätzlich können Musiktheorie, Ensemblefächer und manchmal auch

Improvisations- oder Kompositionskurse belegt werden. Detaillierte Informationen über spezifische Angebote zur musikalischen Früherziehung finden Sie im Kapitel *Musikalische Früherziehung in der Musikschule* (Seite 53). Die folgende Tabelle nennt die unterschiedlichen Angebote der Musikschulen:

Alter der Kinder	Kursangebot
1 bis 2 Jahre	Musikalische Krabbelgruppen
2 bis 3 Jahre	Eltern-Kind-Gruppen
3 bis 4 Jahre	Musikalische Früherziehung
4 bis 5 Jahre	Musikalische Grundausbildung
5 bis 6 Jahre	Orff-Gruppen
ab 6 Jahren	Instrumentalunterricht

Schnupperstunden, Beratungsgespräch, Verträge

Bevor Sie sich entscheiden, ob Ihr Kind regelmäßig am Musikschul-Unterricht teilnehmen soll, sollten Sie und Ihr Kind zunächst die in Frage kommende Gruppe und ihren Lehrer kennen lernen. Passen die Kinder zusammen, mag mein Kind den Lehrer? Diese wichtigen Fragen müssen vorab geklärt werden. Denn der Erfolg des Unterrichts hängt sehr stark vom Lehrer-Schüler-Verhältnis ab. Jeder, der Klavierstunden bei einem ungeliebten Lehrer hatte, kann im wahrsten Sinne des Wortes ein Lied davon singen … Kostenlose Probe- bzw. Schnupperstunden (für größere Kinder an einem oder mehreren Instrumenten) werden i. d. R. von allen Musikschulen angeboten.

Da jedoch nicht immer schon nach einer Stunde klar ist, ob das Kind bei dem jeweiligen Instrument oder der Lehrkraft bleiben möchte, bieten viele Schulen anders geartete (kostenpflichtige) Schnuppermöglichkeiten an, zum Beispiel einen Probemonat oder ein Instrumentenkarussell. Besonders bei der Früherziehung sind solche längeren

Probezeiten wichtig und helfen, unnötigen Stress und Ärger zu vermeiden.

In jedem Fall sollten Sie sich vom Lehrer beraten lassen, der Ihnen eine sinnvolle und vernünftige Lösung, die alle Beteiligten zufrieden stellt, vorschlagen wird. Legen Sie sich jedoch nicht sofort vertraglich fest. Denn oft stellt man erst nach ein paar Stunden fest, ob der Unterricht geeignet ist, wie man ihn in seinen Tagesablauf einbauen kann usw.

Vertragslaufzeiten von einem Jahr machen höchstens bei der Früherziehung Sinn, da sich die Kinder in den Gruppen aufeinander einstellen müssen. In der Regel betragen die Kündigungsfristen (besonders beim Instrumentalunterricht) zwischen drei und sechs Monaten.

Kosten

Die Preise für Musikunterricht variieren sehr stark von Schule zu Schule. Manche Schulen werden subventioniert (wie die staatlichen Jugendmusikschulen), manche werden von Stiftungen oder Spendengeldern unterstützt, wieder andere müssen ganz ohne Hilfe auskommen (so die meisten Privatschulen). Vielfach heißt das allerdings nicht, dass die Preise an subventionierten Instituten niedriger sind.

Die Unterrichtsgebühren werden monatlich bezahlt, in den Ferien und an Feiertagen findet kein Unterricht statt. Wichtig ist immer, den Preis im Verhältnis zur Unterrichtsdauer bzw. zur Gruppenstärke zu sehen.

- Früherziehung: pro Monat ca. 20–40 €
  (45-60 Min. wöchentlich)

- Einzelunterricht: pro Monat ca. 35–75 €
  (30 Min. wöchentlich), ca. 55–90 € (45 Min. wöchentlich)

- Gruppenunterricht: pro Monat ca. 25-45 €
  (Zweier-Gruppe, 30 Min. wöchentlich)

- Geschwisterermäßigung ist normalerweise an allen Schulen selbstverständlich.

Anfahrtswege

Zum Schluss noch ein wichtiger Hinweis: Der Ort, an dem der Unterricht stattfindet, sollte für die Kinder bequem erreichbar sein. Ist der Anfahrtsweg zu lang oder findet der Unterricht zu einer ungünstigen Tageszeit statt, ist das Kind müde und unwillig. In Musikschulen kann man nach Alternativen fragen, und in Kindergärten und anderen Einrichtungen kann unter Umständen die Bildung einer neuen Gruppe angeregt werden. Wenn all dies nicht geht, ist es besser, noch etwas mit dem Musikunterricht zu warten, statt dem Kind zu viel Stress zuzumuten.

Checkliste Musikschule

Versuchen Sie folgende Fragen zu klären, bevor Sie Ihr Kind an einer Musikschule anmelden:

- Entspricht das Kursangebot den Wünschen und dem allgemeinen Entwicklungsstand meines Kindes?

- Welche Möglichkeiten bietet die Musikschule, um ihr Kursangebot zu prüfen (Schnupperstunden, Probeunterricht usw.)?

- Fühlt sich mein Kind in der in Frage kommenden Gruppe wohl?

- Welchen Eindruck macht der Lehrer auf mich und auf mein Kind?

- Bewegen sich die Verträge hinsichtlich der Kosten und der Kündigungsfristen im üblichen Rahmen?

- Finden die Kurse zu günstigen Tageszeiten statt?

- Wie hoch ist der Zeit- und Kostenaufwand, um zur Musikschule zu kommen?

06

Musikalische Früherziehung in der Musikschule

Es lohnt sich, schon mit Kleinkindern in den Musikunterricht zu gehen – Kinder und Eltern lernen eine Menge dabei!

Wann sollte Ihr Kind mit dem Musikunterricht beginnen?

»Ist es nicht früh genug, mit dem Musikunterricht zu beginnen, wenn mein Kind reif für ein Instrument ist? Das bisschen Früherziehung kann man doch zu Hause machen«, werden Sie vielleicht jetzt denken. Auch ich habe mir diese Frage gestellt, als meine heute zehnjährige Tochter im zarten Alter von drei Jahren den Wunsch äußerte, an einer musikalischen Früherziehungsgruppe teilnehmen zu dürfen. Ein Kindergartenfreund hatte sie einmal zum Schnuppern mitgenommen, und seitdem wünschte sie sich nichts sehnlicher als zur »Musikstunde« gehen zu dürfen. Ich hatte mir eigentlich vorgestellt, dass ein Kind aus einer Musikerfamilie zu Hause und in unseren Konzerten genug Anregung finden würde. Doch weit gefehlt! Da Kinder eine völlig andere Wahrnehmung als Erwachsene haben, sollte das Heranführen der Kinder an die Musik auch kindgerecht erfolgen. Natürlich hat unsere Tochter die Musik sozusagen mit der Muttermilch bekommen. Aber das Musizieren der Erwachsenen konnte den Drang nach eigener, altersgerechter Musikausübung keineswegs befriedigen. Sie wollte einen eigenen Erfahrungsbereich haben und liebte die Lehrerin ihres Freundes schon nach der ersten Stunde. Warum?

Das Eintauchen in die Welt der Musik und das Begreifen dieses aufregenden Universums wurde von der Lehrerin altersgemäß gestaltet. Kurz gesagt: Für Kinder geeignete Musik wurde ihnen auch entsprechend vermittelt. Denn in einem guten Unterricht dürfen die Kinder die Musikstücke gemeinsam Schritt für Schritt erarbeiten und umsetzen, so dass sie erfassbar werden. Die zu lernenden Lieder werden in eine Geschichte eingebettet, gesungen, auf Instrumenten gespielt, getanzt und gemalt. Auf diese Weise werden auch soziale Werte (wie einander zuhören, gemeinsam an einer Sache arbeiten) quasi nebenbei gefördert und erlernt, was im Kindergartenalter besonders wichtig ist.

Musikunterricht in einer Gruppe gleichaltriger Kinder, geleitet von einer liebevollen und kompetenten Lehrkraft ist nach meiner Erfahrung für Kindergarten-Kinder immer zu empfehlen. Dabei macht es keinen Unterschied, ob es sich um ein »Musikerkind« oder ein »normales« Kind handelt. Für Kinder wird das Musizieren zu einem glücklichen Erlebnis, wenn sie mit ihren eigenen Mitteln die komplexe Welt der Töne erkunden können.

Natürlich muss der Lehrer mit viel Phantasie und Einfühlungsvermögen auf die Kinder eingehen. Jede Altersstufe erfordert eine besondere Unterrichtsweise. Aber genau das kann man seinem Kind normalerweise in der Familie nicht bieten. Ebenso gibt es zu Hause in der Regel zu wenig gleichaltrige Kinder, mit denen man eine musikalische Geschichte gestalten könnte.

Musikunterricht für Zweijährige?

Wie steht es mit Musikunterricht für Kinder, die noch keinen Kindergarten besuchen? Oft genug fragen mich Eltern auch nach professionellem Musikunterricht für ihre Kleinsten:

Wie kann man mit ihnen zu Hause musizieren? Welche Lieder kann man mit ihnen singen? Welche Bewegungsspiele sind geeignet? Kann man all das in einem geregelten Unterricht für Eltern und Kleinkinder lernen? Die theoretischen Anweisungen aus einem Buch genügen vielen Eltern nicht. Auch fühlen sie sich in musikalischen Dingen unsicher und würden gern durch einen Profi Anregungen erhalten.

Da stellt sich natürlich die Frage, ob es denn überhaupt sinnvoll ist, schon mit etwa zweijährigen Kindern zum Musikunterricht zu kommen? Ja, ich denke schon. Ist der Unterricht gut und professionell gestaltet, lernen die Eltern dort, wie sie gemeinsam mit ihren Kindern Musik machen können, und die Kinder selbst werden in vielerlei Hinsicht gefördert.

Manches Wissen kann man sich zwar auch aus einem Buch aneignen, für die Allerkleinsten ist die Auswahl an geeigneter Literatur jedoch sehr begrenzt (entsprechende Empfehlungen finden Sie im Anhang). Abgesehen davon kann man das Musizieren ohnehin am besten in der Praxis lernen. Theoretische Ratschläge, auch wenn sie gut formuliert sind, können die vielfältigen Abläufe in der Musik nur mühsam wiedergeben. Das Musizieren ist mit dem Lernen einer Sprache vergleichbar. Nur aus einem Buch Französisch zu lernen, ist trocken und abstrakt. Man kann sich weder die Aussprache noch den Fluss der Sprache vorstellen, ihre Seele teilt sich nicht mit. Ein Lehrer, der die Sprache (vor)spricht, erleichtert das Ganze beträchtlich.

Guter Musikunterricht sollte immer vielfältig und kreativ sein. Dies gilt natürlich auch für die Arbeit mit Kleinkindern:

Der zweijährige Paul nahm als Gast am Musikunterricht seiner vierjährigen Schwester teil. Die Kinder sollten einen gleichmäßigen Rhythmus zu dem bekannten Lied *Hänschen klein* auf ihren Instrumenten schlagen. Paulchens Rhythmus war sicher und schwungvoll – besser sogar als die Begleitung manches vierjährigen Gruppenmitglieds. Er schlug genau den richtigen Takt, auch wenn er das Lied noch nicht mitsang (er deutete es nur an).

Gerade mit zwei Jahren entwickeln sich die Motorik und das rhythmische Empfinden der Kinder sehr stark, sie beginnen den Raum zu erkunden und haben ein feines rhythmisches Gespür. Die sprachlichen und stimmlichen Fähigkeiten und das Abstraktionsvermögen, die für das Mitsingen eines langen Liedes erforderlich sind, entwickeln sich etwas langsamer und sind erst mit drei bis vier Jahren ausgeprägt.

Alle diese Fähigkeiten können aber trotzdem schon im Alter von zwei Jahren mit kurzen, einfachen Liedchen stimuliert und gefördert werden. Die Voraussetzung dafür ist, dass man diese Liedchen entsprechend präsentiert. Deshalb liegt der Schwerpunkt der musikalischen Frühförderung in einer spielerischen Kombination von Musik und Bewegung.

Kleine Kinder lernen vor allem durch Bewegung und Bilder. Sie erfassen die Welt imaginativ. Dies gilt in gleicher Weise für die sprachliche Entwicklung. Durch ein Lied, das nicht nur gesungen, sondern auch gespielt und getanzt wird, kann die Entwicklung des Sprachzentrums durch die dabei entstehenden Assoziationen wirkungsvoll unterstützt werden. Denn: Der Wortsinn eines Liedes ist für die Kleinen an sich noch nicht so wichtig. Er wird aber durch die gleichzeitige Gestaltung mit Instrumenten und Bewegung fassbarer und verständlicher. Auch die kindliche Phantasie wird durch die Welt der Töne angeregt. Denn die Musik teilt sich auch ohne Worte mit, sie kann lustig oder traurig sein, schnell oder langsam, hüpfend oder schleichend usw. In einem sinnvoll gestalteten Musikunterricht für Kleinkinder werden die Kinder behutsam in die Welt der Töne eingeführt. Alle ihre Sinne und das körperlich-rhythmische Empfinden werden stimuliert.

Und was lernen die Eltern dabei?

Es wird im Unterricht gesungen und geklatscht, die Instrumente werden erkundet, es wird getanzt und viel gelacht. Die Eltern musizieren zusammen mit den Kindern und lernen auf diese Weise anschaulich, was sie den Kleinen musikalisch schon zumuten können und wie sie deren Allgemeinentwicklung durch das Musizieren unterstützen können. Ihnen wird ein erster Leitfaden durch die Welt der Musik in die Hand gegeben. Sie lernen die Instrumente kennen, die man in der musikalischen Früherziehung verwendet, das so genannte Orff-Instrumentarium (Tamburin, Glockenspiel, Bongo-Trommeln, Triangel, Klangstäbe, Rasseln, Holzblocktrommeln, Zimbeln und viele andere mehr). Und sie erhalten Anleitung, wie sie aus einfachen Materialien Instrumente basteln können.

Walnuss-Trommel, Becher-Rassel und ein singender Kamm

Es ist gar nicht so schwer, selbst einfache Musikinstrumente zu basteln, die Ihrem Kind viel Freude machen. Versuchen Sie es selbst!

Walnuss-Trommel

Hierfür brauchen Sie die leere Schale einer Walnuss, einen Zahnstocher und einen Bindfaden. Knipsen Sie die spitzen Enden des Zahnstochers ab, und legen Sie ihn längs über die offene Hälfte der Walnussschale. Nun befestigen Sie den Zahnstocher mit Hilfe des Bindfadens, so dass er unter Spannung steht, aber noch bewegt werden kann. Wenn Sie den Zahnstocher anheben und auf die Walnussschale zurückfedern lassen, entstehen Töne, die an einen Waldspecht erinnern.

Becher-Rassel

Hierfür brauchen Sie zwei leere, gespülte Joghurtbecher, die Sie mit zwei Esslöffeln ungekochtem Reis füllen. Anschließend kleben Sie die beiden Joghurtbecher an den Rändern aufeinander.

Singender Kamm

Nehmen Sie einen Kamm zur Hand, und falten Sie einen Streifen Butterbrotpapier über die Zähne des Kamms. Blasen Sie nun summend darauf. Beim Blasen muss das Papier mit den Fingern nach außen gezogen werden, damit genügend Spannung entsteht.

Musikunterricht fördert die Entwicklung von Kindern

Im Rahmen der musikalischen Früherziehung in einer Musikschule werden nicht nur musikalische Grundfertigkeiten erlernt, sondern auch soziale und intellektuelle Kompetenzen erworben, die auf andere Lebensbereiche übertragen werden können.

Gruppengröße

Damit die Arbeit in den Kindergruppen sinnvoll gestaltet werden kann, muss die Gruppengröße stimmen. In Gruppen mit nur zwei bis drei Kindern entsteht keine kuschelige Atmosphäre. Mit so wenig »Darstellern« ist es auch schwierig, eine musikalische Geschichte zu gestalten. Mit zu vielen Kindern jedoch (mehr als zwölf) kann man nicht mehr individuell arbeiten.

Meine Gruppen sind deshalb klein und umfassen nur fünf bis zehn Kinder, so dass ich mich um jedes Kind individuell kümmern kann. Denn jedes Kind hat andere Schwerpunkte und Vorlieben, auf die ich eingehe und die ich fördere. Ein Kind tanzt gern, das andere sieht sich schon mit zwei Jahren als großer Schlagzeuger, das dritte fragt nach der Hälfte der Stunde: »Wann können wir endlich malen?«

Unterstützt durch Lob und Ermunterung arbeiten wir aber auch an unseren Schwächen. Bennet spielte anfangs mit Begeisterung die Instrumente, traute sich aber nicht, den Mund aufzumachen, um zu singen. Durch liebevolle Zuwendung und Geduld hat er im Lauf der Zeit auch das gelernt. Neele konnte sich nicht so geschickt bewegen und war schüchtern bei allen Tänzchen. Sie sang gut, blieb aber einfach demonstrativ sitzen, wenn die anderen mit dem Tanzen loslegten. Ihre Mama oder ich nahmen sie geduldig an die Hand und übten mit ihr. Heute, nach einigen

Wochen, tanzt sie schon sehr gut. Ihre Mutter berichtete mir, dass sich dieses neue körperliche Selbstbewusstsein auch im Kinderturnen positiv auswirkt.

Sozialverhalten

Das Musizieren in der Gruppe fördert die soziale Entwicklung der Kinder, denn all die oben genannten individuellen Vorlieben müssen unter einen Hut gebracht werden. Die einzelnen Kinder sollen zur Geltung kommen, aber die Gruppe muss auch zu einer Einheit zusammenwachsen. Hier ist »Teamgeist« gefragt.

Musik ist ein sehr gutes Medium, um Sozialverhalten zu üben. Man muss im Zusammenspiel aufeinander hören. Alles muss zu einem Klang verschmelzen. Wie laut darf man spielen, wenn man den Gesang noch hören soll? Wie muss man die Trommel einsetzen, damit das zarte Glockenspiel nicht übertönt wird?

Auch still sitzen muss man können, denn wenn ein Kind ein Solo spielt, darf man nicht dazwischensingen, auf dem Instrument klimpern oder kichern! Ein gutes Klangergebnis wird nur erreicht, wenn jeder seinen Part beherrscht und sich in den Gesamtklang einfügt. So werden Rücksichtnahme, Geduld und Integrationsbereitschaft gelernt.

Konzentrationsfähigkeit

Das Erlernen musikalischer Fähigkeiten und das Spiel in der Gruppe erfordert sehr viel Konzentration. Schon bei zwei- bis dreijährigen Kindern kann man die Konzentrationsfähigkeit in bescheidenem Maße schulen. Findet man den richtigen Weg, ihnen die Musik nahe zu bringen, indem man sie nicht überfordert, lernen sie, schon zu Beginn der Stunde aufmerksam zu sein.

Sie üben, richtig zu singen, im richtigen Rhythmus das Tamburin zu schlagen und genaue Bewegungen zu den Liedern auszuführen.

Auch bei den Kindergartenkindern ist die Konzentration in solchen Stunden meistens sehr gut, denn die Wiederholung des immer gleichen, einfachen Stoffes wird aufgelockert durch die verschiedenen Möglichkeiten der Gestaltung.

Ohne Fleiß kein Preis …

Durch die Beanspruchung beider Gehirnhälften, die Beteiligung aller Sinne und die Freude beim Musizieren steigt nicht nur der Intelligenzquotient von Grundschülern. Ich stelle immer wieder fest, dass selbst die Kleinsten leistungsbereit sind und etwas lernen *wollen*. Sie sind aufmerksam und bereit, ein Lied so lange zu üben, bis sie es können. Sie verstehen durchaus, wenn man ihnen erklärt: »Wir sind hier, um zu arbeiten, nicht zum Rumkaspern.« Liebevoll aber nachdrücklich sorge ich in den Stunden für Ruhe und Konzentration auf die musikalische Geschichte. Das Thema muss die Kinder natürlich packen. Auch müssen sie verstehen und ausführen können, was ich von ihnen verlange. Eine Überforderung der Kleinen führt ebenso zu einem schlechten Ergebnis wie eine Unterforderung. Überforderung erzeugt Frustration, Unterforderung Langeweile.

Klare und eindeutige Anweisungen sind hierbei wichtig. Der Lehrer muss ein feines Gespür für die Kinder seiner Gruppe haben. Auch sollte er in der Lage sein, spontan auf sie einzugehen. Damit der Unterricht gelingt, muss das Thema gut gewählt und die Vermittlung vielfältig sein. Mit kleinen Kindern kann man sein Programm nicht einfach abspulen. Die Kinder bringen sich in den Unterricht mit ein, erzählen viel oder haben ein Kuscheltier mitgebracht, das heute unbedingt mitmachen möchte. Manchmal sind sie müde oder zappelig, ihre Grundstimmung passt nicht zu meinem Lied usw. Ich nehme all diese Elemente spielerisch und improvisierend in den Unterricht auf.

Musikalische Früherziehung verlangt von den Musiklehrern sehr viel Einfühlungsvermögen. Kann der Lehrer das in die Musikstunde einbringen, lernen die Kinder schnell und haben Freude an ihrem Tun. Die kleinen Kinder nehmen zudem oft schon an den allgemeinen Schülerkonzerten der Musikschulen teil. Sie bereiten ein Lied vor und führen es vor großem Publikum auf. Sie bekommen Applaus und hören und sehen, was die größeren Kinder vorspielen. Das motiviert sie außerordentlich.

Regelmäßigkeit ist wichtig

Kleinkinder lernen musizieren durch den Spaß, den sie dabei haben. Um aber diesen Spaß dauerhaft zu erhalten und auch all die oben beschriebenen Effekte zu erzielen, sollten die Kinder und Eltern regelmäßig zum Unterricht kommen. Die Kinder freuen sich sehr auf den Unterricht, wenn er zum festen Wochenablauf gehört. Dann fragen sie schon lange vor dem Termin: »Wann gehen wir zur Musikstunde?«

Ich beobachte hingegen immer wieder, dass eine unregelmäßige Teilnahme am Unterricht nicht sehr förderlich ist. Die Kinder sind nicht richtig in die Gruppe integriert. Sie können sich nicht so gut konzentrieren, wie die anderen. Ihre motorische Geschicklichkeit entwickelt sich langsamer, so dass sie bald nicht mehr mithalten.

Ein fester Termin, auf den man sich verlassen kann, ist für alle Teilnehmer wichtig. Die Kinder haben in einer regelmäßig besuchten Gruppe alle denselben Leistungsstand, denn der Unterricht baut auf der vorhergehenden Stunde auf.

Eltern-Mitmachstunden

Kindergartenkinder können schon allein zum Unterricht kommen. Ab und zu werden die Eltern jedoch hinzugebeten, damit sie sehen, was die Kinder lernen. Das Musizieren zu Hause kann so auf den Unterricht abgestimmt werden. Die Lieder können wiederholt, die Tänzchen gemeinsam getanzt werden.

Alter und Leistungsniveau

Jeder Kurs ist für eine bestimmte Altersstufe konzipiert. In der Regel sollten Sie für Ihr Kind einen Kurs wählen, der seinem Alter entspricht.

Es kann sich jedoch herausstellen, dass dies nicht die beste Wahl ist. Manchmal ist die motorische Entwicklung eines Kindes ungewöhnlich weit fortgeschritten, oder seine sprachliche Ausdrucksfähigkeit ist für sein Alter überdurchschnittlich gut entwickelt. Solche Kinder langweilen sich in ihrer Altersgruppe, denn sie sind unterfordert. Der Lehrer sollte in diesem Fall eine entsprechende Gruppe mit älteren Kindern auswählen.

Umgekehrt gibt es Kinder, die motorisch noch nicht ganz so geschickt oder extrem schüchtern sind. In einer Gruppe mit Gleichaltrigen sind diese Kinder überfordert.

Der Lehrer sollte sich Ihr Kind genau ansehen und gemeinsam mit Ihnen eine der Entwicklung Ihres Kindes entsprechende Lösung finden. Nur dann wird sich Ihr Kind in der Gruppe wohl fühlen und kann musikalisch optimal gefördert werden.

Die musikalischen Früherziehungskurse bauen aufeinander auf. Was soll man aber tun, wenn man sein Kind im Alter von fünf Jahren zum ersten Mal zum Unterricht bringen möchte? Geht das überhaupt noch?

Ja, natürlich. Oft bildet sich ein Anfängerkurs mit vier- bis fünfjährigen Kindern. Diese werden genauso wie die jüngeren Kinder an die Musik herangeführt. Der Früherziehungsunterricht ist dann jedoch ihrem Alter gemäß etwas anspruchsvoller.

Allerdings sollten Sie Ihr Kind nicht in eine schon seit längerem bestehende Gruppe schicken. Die Gruppe müsste sich auf den »Neuling« einstellen, und das hemmt ihr

Fortkommen. Ihr Kind würde sich nicht wohl fühlen, denn es merkt, dass die anderen Kinder schon mehr können als es selbst. Das macht ihm auch keinen Spaß. Es fühlt sich als Außenseiter.

Hat Ihr Kind dagegen schon an einem anderen Früherziehungsunterricht teilgenommen, dürfte ein Wechsel unproblematisch sein. In jedem Fall sollten Sie jedoch in einer Schnupperstunde zunächst einmal testen, wie gut Ihr Kind in die bestehende Gruppe passt.

Musikunterricht für die Allerkleinsten

Musikalische Krabbelgruppen und Eltern-Kind-Kurse sind der ideale Einstieg: die Kinder sammeln spielerisch erste Erfahrungen mit Musik, und die Eltern nehmen aktiv am Geschehen teil.

Musikalische Krabbelgruppen

Beginnen wir mit den ganz Kleinen, den »Krabbelkindern«.

Der Unterricht ist speziell für eineinhalb- bis zweieinhalbjährige Kinder konzipiert. Wie sieht so ein Unterricht aus?

Mutter (oder Vater) und Kind treffen sich einmal pro Woche für ca. 30 Minuten in einer kleinen Gruppe Gleichgesinnter mit einem professionellen Musiker, um zusammen zu musizieren. Die Kleinsten patschen neugierig auf den am Boden ausgebreiteten Instrumenten herum, die Eltern lernen mit den Instrumenten umzugehen. Kleine Lieder, Fingerspiele, Tänzchen und Bewegungsspiele werden eingeübt. Den Eltern wird auch gezeigt, wie sie diese Art des Musizierens zu Hause praktizieren können.

Wir können von Kindern in diesem Alter natürlich noch nicht verlangen, ein Lied vorzutragen oder formvollendet ein Tänzchen vorzuführen. Im Gegenteil! Die Krabbelgruppen sind vor allem als anschauliche Anleitung für Eltern zu verstehen, die mit ihren Kleinsten musizieren möchten und hierfür Anregungen (Lieder, Geschichten, Tänze, Bastelanleitungen usw.) suchen. Musikalische Krabbelgruppen bringen Eltern die Sprache der Musik, so wie Kleinkinder sie verstehen, näher und sind auf die Bedürfnisse der Kinder abgestimmt: Das Gehör der Kleinen wird geschult und ihr Rhythmusgefühl behutsam entwickelt, das Singen und Tanzen gerät zu einem Spiel für die ganze Familie. Und: Bei Krabbelkindern liegt der Schwerpunkt des Musizierens nicht auf dem Lernen, sondern auf der Stimulierung ihrer Sinne und auf einem Miteinander von Eltern und Kindern.

Eltern-Kind-Kurse

Was verbirgt sich nun hinter diesem Angebot? Schließlich ging es in den Musikalischen Krabbelgruppen auch um Eltern und Kinder!

Stimmt. Doch in einigen Punkten unterscheiden sich Eltern-Kind-Kurse vom Unterricht mit Krabbelkindern. Gemäß ihrer Entwicklung kann man mit Zwei- bis Dreijährigen schon intensiver arbeiten als mit den ganz Kleinen. Der Lernstoff ist anspruchsvoller, und die Unterrichtszeit erhöht sich in der Regel auf 45 Minuten. Warum?

Kleinkinder sind motorisch schon wesentlich geschickter als Krabbelkinder und können viel gezielter mit den Instrumenten umgehen. Die Stimme ist sicherer, und die sprachliche und kognitive Entwicklung erlaubt es, kompliziertere Lieder einzuüben. Auch das Tanzen fällt schon leichter. Man kann durchaus erkennen, was die Kleinen darstellen wollen. Sie hören schon auf die Anweisungen eines Lehrers und nehmen die anderen Kinder in der Gruppe wahr - die ganz Kleinen hingegen sind hauptsächlich mit sich selbst beschäftigt.

Was wird dabei gelernt? In meinen Eltern-Kind-Kursen werden, wie in der gesamten musikalischen Früherziehung, alle Sinne beim Musizieren einbezogen. Eigentlich spielen wir jedes Mal ein kleines Theaterstück. Dazu wird ein Lied gesungen, getanzt, auf Instrumenten gespielt und begleitet. Zu jedem Lied erzähle ich eine Geschichte, die tanzend, singend und spielend erlebt und so nebenbei erarbeitet wird. Am Ende jeder Stunde wird der Unterrichtsstoff zudem noch malend vertieft.

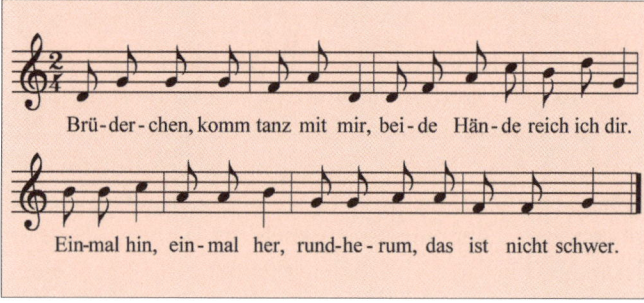

Mirco schaut gebannt auf Jona: »Wie, der kann schon Tamburin spielen, dann versuche ich es auch«, scheint er zu denken und nimmt ein Tamburin in die Hand. Tamm, tamm, tamm schlägt er und hat dabei Jona im Auge. Er versucht, mit ihm zusammen zu spielen.

»Alle so wie ich!«, ruft der Lehrer und gibt mit deutlichen Bewegungen vor, was die Gruppe machen soll. Die Kleinen eifern ihm nach. Die Eltern halten sich bewusst im Hintergrund. In der Krabbelgruppe waren sie noch die Hauptakteure. Hier hingegen agieren die Kinder schon weitgehend selbstständig.

Wozu braucht man dann noch die Eltern? Benehmen sich die Kleinen nicht erfahrungsgemäß besser, wenn Mami oder Papi nicht in der Nähe ist?

Wie wir im Folgenden sehen werden, sind die Eltern als Partner der Kinder durchaus noch hilfreich, denn Kleinkinder lernen zwar schon vergleichsweise selbstständig, können sich aber nur wenige Minuten lang konzentrieren. Auch können sie noch leicht abgelenkt werden und sind oft noch sehr schüchtern. In Gegenwart der Eltern fühlen sie sich wesentlich sicherer und nehmen aufmerksamer am Unterricht teil.

Wie in den Krabbelgruppen, so werden die Eltern auch hier in das musikalische Geschehen der Stunde integriert. Sie machen dasselbe wie die Kinder. Sie singen, tanzen, spielen und helfen manchmal auch den Kindern. Mama kann die Hand ihres Sprößlings beim Xylophonspiel führen, wenn der Kleine ungeduldig wird. So klingt's schon besser! Und Papa kann mit seiner Tochter tanzen oder als wildes Pferd in einer Geschichte mitwirken: galopp, galopp, galopp … das Pferd rennt auf der Weide, die kleinen Mäuse (gespielt von Clara, Mirco, Jona und der Lehrerin) piepsen ihm hinterher. Auch als Partner bei Klatschspielen werden die Erwachsenen gebraucht.

Was man gemeinsam gelernt hat, kann man natürlich auch zu Hause wiederholen. Der Lerneffekt wird dadurch intensiviert, denn mit Sicherheit erinnert sich Mama an das Gelernte, auch wenn Mirco es nicht mehr ganz so genau weiß.

Allerdings erfolgt dieses Lernen noch nicht über den Verstand. Die Kleinen ahmen den Lehrer nach, sie horchen und schauen ihm zu und versuchen nachzuspielen,

Das Schneckenspiel

Die kleinen Schneckenkinder Hannchen, Felix und Moritz sitzen hinter dem Vorhang unter dem Tisch mit den großen Bongos. Die Schneckenmamis suchen sie auf dem Boden kriechend mit ausgestreckten Fühlern. Betrübt singen sie: »Schneck, Schneck, komm heraus, strecke deine Fühler aus!« Denn leider, leider sind gerade alle Schneckenkinder spurlos verschwunden …

Aus dieser Situation ergibt sich ein musikalisches Spiel. Die Kinder müssen sich mucksmäuschenstill verhalten, was ihnen nicht leicht fällt, und die Eltern müssen so leise singen und kriechen, dass man ihnen die Schnecke glaubt. Versuchen Sie das mal, es ist gar nicht so einfach! Jedes – endlich! – gefundene Schneckenkind hilft, die anderen zu suchen, ebenfalls singend und kriechend, mit ausgestreckten Fühlern.

Sind alle wieder aufgetaucht, schleicht die Schneckenfamilie durch eine »Instrumentenschnecke«, lockt »Schneckentöne« aus den Instrumenten, horcht … und verschwindet am Ende …

was sie hören und sehen. Mit der sofortigen Umsetzung hapert es naturgemäß aber immer ein bisschen (nicht nur bei kleinen Kindern!). Nun müssen Geduld und Konzentration aufgebracht werden. Viele Wiederholungen sind nötig, bis die Sache (das Lied, das Instrumentalspiel, das Tänzchen) dann auch klappt. Und genau hier fällt es den Kleinen oft schwer, länger als einige Minuten am Ball zu bleiben. Auch geben sie schnell auf, wenn etwas nicht sofort funktioniert. Zwar sind sie in der Musikstunde mit allen Sinnen bei der Sache, aber Abwechslung muss sein. Der Lehrer muss das Thema von vielen verschiedenen Seiten angehen, um die Konzentration zu erhalten.

Musikalische Früherziehung für drei- bis sechsjährige Kinder

Ab drei Jahren haben die Kinder Anspruch auf einen Kindergartenplatz. Sie werden selbstständiger und beginnen soziales Handeln in einer Gruppe Gleichaltriger zu üben. Damit geht das Erlernen von Verhaltensregeln einher. Der Einfluss der Eltern nimmt zwar ab, weil die Kinder nun schon allein zum Unterricht kommen. Die Zusammenarbeit zwischen Eltern und Lehrer bleibt aber trotzdem weiterhin wichtig. Beide müssen sich auf gemeinsame Regeln für den Unterricht einigen – und sie auch durchsetzen. Auch sollten die Eltern die erlernten Lieder zu Hause mit den Kindern singen.

Der Lernstoff der musikalischen Früherziehung besteht ebenfalls aus einer Kombination von Singen, Bewegung und Instrumentalspiel. Allerdings werden die Aufgaben nun anspruchsvoller. Die Lieder sind länger, die Tänze komplizierter, und das Instrumentalspiel wird erweitert. Deshalb erhöht sich die Unterrichtszeit in der Regel auf 60 Minuten.

Das Lernvermögen drei- bis vierjähriger Kinder ist bereits sehr gut entwickelt. Deshalb ist der Unterricht nun nicht mehr auf das rein spielerische Stimulieren der Sinne ausgerichtet, sondern auf zielgerichtetes Lernen. Die sprachliche Entwicklung der Kleinen spielt hierbei eine wichtige Rolle. Da die Umwelt jetzt verstärkt mit Hilfe von Sprache erfasst wird, sind auch die Liedtexte für die Kinder interessant. »Wieso fliegt die Maus mit dem Ballon davon? Hätte sie nicht auf der Erde bleiben können?« Darüber macht sich Anna Gedanken.

Aber nicht nur für das Verstehen von Liedtexten ist die Sprache von Bedeutung. Mit ihrer Hilfe kann auch das Rhythmusgefühl geschult werden: Über den Rhythmus der Worte wird der Rhythmus der Musik leichter erfasst.

Was wird gelernt?

Zu Beginn jeder Stunde setzen wir uns in einen Kreis und singen ein Begrüßungslied. Der *Musikkater* (eine kleine Handpuppe, die ich in der Hand halte) macht die Runde und fragt jedes Kind singend nach seinem Namen.

Der Kreis ist ein wichtiges Thema in der Früherziehung. Er hilft den Kindern, sich zu konzentrieren, denn der Kreis hat eine feste Ordnung. In der Mitte liegen die Instrumente und die Bilder der folgenden Geschichte. Und im Kreis herrscht Ruhe. Diese Regel wird geübt. Die Kinder achten auf die Anweisungen des Lehrers. Während der Stunde bewegen wir uns natürlich auch im Raum. Der Kreis bleibt jedoch der Mittelpunkt des Geschehens. Die Instrumente werden sitzend im Kreis gespielt. Das erleichtert das gemeinsame Musizieren. Auch alle Tänzchen werden im Kreis eingeübt (das ändert sich später in der musikalischen Grundausbildung). Wenn die Unruhe während der Stunde einmal zu groß wird, nehmen wir uns an den Händen und bilden ebenfalls einen Kreis.

Neben Ordnung und Disziplin vermittelt der Kreis aber auch Geborgenheit. Oft sind drei- bis vierjährige Kinder trotz aller Keckheit und Experimentierfreude noch sehr schüchtern. Da hilft es sehr, wenn man neben der besten Freundin sitzen kann oder mal schnell auf den Schoß der Lehrerin huschen darf.

Rhythmische Sprachspiele

Im folgenden Lied bestimmt der Sprachrhythmus den Aufbau des Liedes:

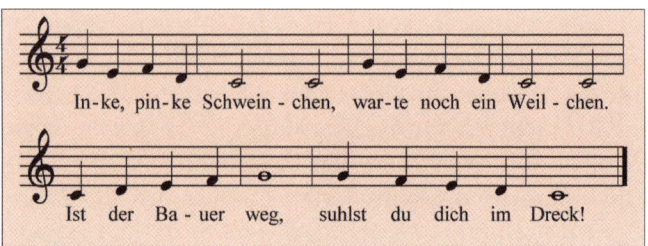

In-ke, pin-ke Schwein - chen, war-te noch ein Weil - chen.

Ist der Ba - uer weg, suhlst du dich im Dreck!

»Inke, Pinke Schweinchen, warte noch ein Weilchen«, singen die Kinder. Der Sprachrhythmus ist kurz, kurz, kurz, kurz, lang, lang, kurz, kurz, kurz, kurz, lang, lang (Sie sehen das an den Noten!). Das wird während des Singens durch deutliche Betonung geübt.

Als Nächstes kommt die Bewegung hinzu. Die Kinder stapfen den Rhythmus mit den Füßen. Danach wird er geklatscht. Gleichzeitig wird das Lied gesungen. Am Schluss kommen die Instrumente ins Spiel. Der Rhythmus wird zunächst nur gespielt, anschließend gespielt *und* gesungen und am Ende sogar noch zusätzlich mit den Instrumenten in der Hand getanzt.

Einen Rhythmus mit unterschiedlichen Längen zu halten, ist für die Kinder anfangs nicht einfach. Ohne Übung tanzen und spielen sie entweder, was ihnen gerade in den Sinn kommt, oder aber sie spielen einen gleichmäßigen Rhythmus durch, wie sie es in der Eltern-Kind-Gruppe gelernt haben.

In diesem Lied fördert die Sprache also vor allem das Rhythmusgefühl und die motorische Entwicklung der Kinder. Nebenbei wird aber auch die Koordinationsfähigkeit trainiert. Denn es ist schwierig, gleichzeitig zu singen, zu tanzen und zu spielen.

Diese Stunden machen den Kindern sehr viel Spaß, und sie sind mit Begeisterung bei der Sache. Denn neben dem Singen und Lernen kommt auch ihr Bewegungsdrang nicht zu kurz.

Phantasie und Sprache

Eine Musikstunde kann jedoch auch ganz anders gestaltet werden: mit einem Märchen. Nehmen wir als Beispiel *Hänsel und Gretel*: Ich erzähle die Geschichte, die Kinder untermalen sie mit ihren Instrumenten. »Huuuh!«, jault der Wind bedrohlich im dunklen Wald (die Kinder singen und spielen möglichst geheimnisvoll diesen Laut). Hänsel und Gretel fürchten sich sehr (alle Kinder zittern eindrucksvoll). Gretel (gespielt von allen Kindern) beginnt zu weinen. Mäuse rascheln im Laub, das Holz der Bäume knackt, ein Reh huscht leise vorbei (dargestellt von mehreren Kindern mit unterschiedlichen Instrumenten).

Wir sind mitten in der Geschichte. Traurig beginnen wir nun zu singen: »Hänsel und Gretel verliefen sich im Wald, es war so finster und auch so bitterkalt.«

Das bekannte Märchen wird erzählt und dabei musikalisch gestaltet. Der Rhythmus ist hier weniger wichtig als die Stimmung, die durch die Instrumente und die Stimme hervorgerufen wird. Die Kinder lernen, dass Musik Gefühle erzeugen kann, dass sie das Märchen plötzlich lebendig werden lässt.

Aber zum Glück geht die Geschichte gut aus, sonst könnte man die Spannung in der Stunde ganz bestimmt nicht ertragen!

Musikalische Grundausbildung

Alle Elemente der musikalischen Früherziehung fließen auch in die musikalische Grundausbildung ein, wo sie vertieft und erweitert werden.

Allerdings wird jetzt die Kreativität und die motorische Entwicklung der Kinder in besonderer Weise berücksichtigt. Warum?

Die Kinder haben in der Früherziehung eine Vielzahl musikalischer Ausdrucksmöglichkeiten kennen gelernt und geübt:

● Sie sind mit der Sprache der Musik vertraut.

● Sie können mit vielen Orff-Instrumenten umgehen, sich rhythmisch bewegen und meist schon gut singen.

● Der Umgang mit diesen Techniken ist ihnen schon so selbstverständlich, dass sie nun den Unterricht aktiv mitgestalten.

Kreativität

Vier bis fünfjährige Kinder sind neugierig und experimentierfreudig. Sie lernen mit viel Phantasie. Ihre eigene Kreativität spielt dabei eine wichtige Rolle. Oft machen sie jetzt Vorschläge, wie die gerade erzählte Geschichte musikalisch gestaltet werden könnte. Oder die Erzählung nimmt einen anderen Verlauf als geplant. Neele schlägt zum Beispiel vor, Dornröschen sollte sich mal ein Beispiel an ihr, Neele, nehmen. Sie hätte sich bestimmt nicht an einem Spinnrad verletzt. Stattdessen hätte sie die böse Fee gleich beim ersten Auftreten eingesperrt – wir proben diese Version. »Aber«, wendet Felix ein, »wozu brauchen wir dann noch den Prinzen?« Ja genau! Er soll sich doch heldenhaft durch die Dornen schlagen. »Alles kein Problem«, meint Neele. »Soll er halt durch einen Graben mit Krokodülen drin schwimmen.« Dornröschen kann nämlich nicht schwimmen und kann deshalb ihr Schloss, das mittlerweile in einem See liegt, nicht verlassen. Also versuchen wir es mit einem Wasserschloss-Dornröschen …

Ebenso kreativ wie die Erzählungen wird das Instrumentalspiel angegangen. Die Instrumente werden erforscht, neue Klänge ausprobiert. Was könnte man alles mit dem Glockenspiel anstellen? Auf seiner Oberfläche kann man schöne Töne erzeugen, aber auch seine Unterseite klingt interessant. Es wird geklopft, gekratzt, gelauscht …

Bewegung

Neben der Kreativität ist die körperliche Bewegung ein Schwerpunkt in der Musikalischen Grundausbildung, denn der Bewegungsdrang vier- bis fünfjähriger Kinder ist enorm.

Mit und ohne Instrumente wird durch den Raum getobt. Wilde galoppierende Pferde rasen im Kreis bis zum Umfallen: galopp, galopp, galopp – kurz-lang, kurz-lang, schnell-lang. Dieser schnelle Rhythmus ist sowohl schwer zu laufen als auch schwer zu spielen. Dennoch wird beides mit Begeisterung geübt, und zwar möglichst gleichzeitig! Die szenische Gestaltung der Geschichten beansprucht zusehends den gesamten zur Verfügung stehenden Platz. Die Pferde galoppieren wild durch die Steppe, das Raumschiff düst mit Spitzengeschwindigkeit zum Mond (einmal quer durchs Zimmer), und die Baggerleute müssen wirklich sehr schwer arbeiten, um das riesige Loch noch vor Sonnenuntergang fertig zu buddeln. Andererseits sind die Mäuschen und Regenwürmer ganz besonders leise und zart, wenn sie die Bühne betreten. Es erfordert eine gute Körperbeherrschung, wirklich leise und graziös auf Zehenspitzen zu trippeln!

Instrumente

Der Bewegungsdrang und die Freude am Experimentieren werden auch auf die Instrumente übertragen. Im Alter zwischen vier und fünf Jahren sind die Kinder motorisch sehr geschickt. Wilde Trommelwirbel und tosende Gewitter müssen während der Unterrichtsstunde mindestens einmal gespielt werden. Dann finden die Kinder Musik »klasse«! Aber die Instrumente werden auch mit fast unhörbaren Klängen liebkost. »Horch mal, ich kann noch viiiel leiser spielen als Du«, flüstert Marc seiner Freundin Clarissa zu.

Im Unterricht wird jedoch nicht nur experimentiert, sondern es werden neue Techniken erlernt, die einzelnen Instrumentengruppen eingehend beleuchtet und komplizierte Rhythmen geübt.

Der Lehrer bringt den Kindern die Eigenarten der verschiedenen Instrumente näher, indem er zum Beispiel verschiedene Instrumente einander gegenüberstellt. Im Folgenden Beispiel sind dies das Schlagzeug und das Glockenspiel.

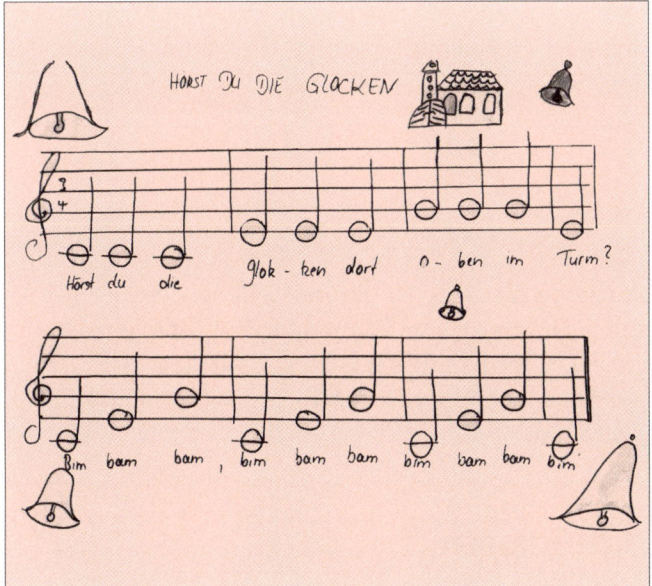

Die Kinder sind in zwei Gruppen aufgeteilt, eine Gruppe spielt Schlagzeug, die andere Glockeninstrumente.

Im Verlauf des Liedes wechseln sich die beiden Gruppen beim Spielen ab. Die Kinder lernen, gut zuzuhören. Sie müssen wissen, an welcher Textstelle ihre Instrumentengruppe einsetzt. Das verlangt ein hohes Maß an Konzentrationsfähigkeit. Auch motorisch müssen sie schon in der Lage sein, genau zum richtigen Zeitpunkt einzusetzen. Die unterschiedlichen Klangfarben der Instrumente prägen sich den Kindern während des Spielens ein. So wird neben den technischen Fähigkeiten auch das musikalische Gehör geschult.

Im nächsten Beispiel werden darüber hinaus die motorischen Fähigkeiten der Kinder auf die Probe gestellt. Auf Instrumenten sollen rennende Pferde dargestellt werden. Die Rhythmusfolge im Galopp ist kurz-lang, kurz-lang.

Die Vier- bis Fünfjährigen spielen ihn nun auf verschiedenen Instrumenten und in sehr schneller Abfolge.

Das ist wesentlich schwerer, als im Galopp zu rennen, denn die Kinder müssen sehr locker mit der Hand oder dem Schlägel spielen und gleichzeitig exakt den Rhythmus treffen.

Lieder

Die gesungenen Lieder haben ebenfalls eine größere Ausdrucksvielfalt als in der Früherziehung. Sie sind länger, haben einen größeren Tonumfang und oft mehrere Strophen. Die Texte sind dem Wissensstand dieser Altersgruppe angepasst und greifen Themen aus Alltag und Kindergarten auf.

Orff-Gruppen

Der Orff-Unterricht baut auf den vorhergehenden Kursen auf und richtet sich an fünf- bis sechsjährige Kinder. Der Schwerpunkt dieses Unterrichts ist die Vorbereitung auf den Instrumentalunterricht, der in der Regel im Alter von sechs Jahren beginnen kann.

Viele Kinder kommen mit fünf Jahren in die Vorschule oder werden sogar schon in die erste Klasse der Grundschule eingeschult (in den internationalen Schulen in unseren Großstädten). Dort wird von ihnen Stillsitzen und Konzentration über einen längeren Zeitraum verlangt. Das Lernen wird zusehends abstrakter, denn nun beginnt der Umgang mit Buchstaben und Zahlen.

Entsprechend wird im Orff-Unterricht das Notenlesen eingeführt.

Allerdings wird ganz bescheiden damit begonnen. Die Kinder lernen die ersten drei Noten und setzen sie an den Instrumenten bewusst ein. Manchmal wird sogar unsere ganze so genannte Tonleiter eingeführt. Jeder Lehrer hat dafür ein anderes Konzept. Ich habe mir das »Notenhaus« ausgedacht.

Wir erzählen und spielen Geschichten zu den einzelnen Bewohnern, den Damen und Herren Noten. Danach werden die Noten gemalt. Dabei kommen ganz erstaunliche Gebilde zustande!

Das Orff-Instrumentarium

Was ist das Orff-Instrumentarium? Woher kommt diese Bezeichnung, und was unterscheidet es von anderen Instrumenten?

Namensgeber war der Komponist und Musik-Pädagoge Carl Orff (1895-1982). Er gründete 1924 zusammen mit Dorothee Günther eine Schule für Gymnastik, Musik und Tanz in München (»Güntherschule«) und schrieb zwischen 1930 und 1935 das *Schulwerk: Musik für Kinder*, das die Grundlage der gesamten heutigen musikalischen Früherziehung ist.

In seiner kompositorischen und pädagogischen Arbeit experimentierte er mit verschiedenen neuen Instrumenten, die er zusammen mit dem Instrumentenbauer Karl Maendler entwickelte. Stabspiele, Xylophone und Metallophone bildeten den Grundstock des von Orff geschaffenen *Schlagwerk-Orchesters*. Orff wurde hierbei stark von der afrikanischen und indischen Musik beeinflusst. In beiden spielt der Rhythmus und die Improvisation eine entscheidende Rolle.

In seinen Kompositionen kombinierte er die herkömmlichen Instrumente des Orchesters wie Geige, Cello, Querflöte usw. häufig mit diesen Instrumenten.

Auch in seiner elementaren Musikerziehung wurden die Instrumente benutzt, da sie leichter zu handhaben sind als beispielsweise Klavier und Gitarre. Sie können schon von Kleinkindern und Kindergartenkindern gespielt werden, denn sie erfordern keine komplizierten Bewegungen in der Ausführung. Alle Orff-Instrumente sind vielfältig einsetzbar und können so gemäß den pädagogischen Zielen Carl Orffs den Kindern helfen, eine ganzheitliche Welt aus Musik, Bewegung und Sprache kennen zu lernen.

Improvisation

Neben dem Notenlesen wird auch die musikalische Kreativität der Kinder durch Improvisationsunterricht gezielt trainiert. Warum schreibe ich »trainiert«? Ist Kreativität etwa erlernbar wie eine Turnübung? Ja, bis zu einem gewissen Grad. Das ist auch nötig. Denn ein Instrument wird nicht allein durch pflichtbewusste Behandlung zum Freund. Ein beseelter Umgang mit Musik wird erst dann möglich, wenn man alle Sinne beim Musizieren einsetzen darf, wenn man neugierig Klänge erforscht, in sich hineinhört und seinen Gefühlen nachspürt.

Das Musizieren muss zum persönlichen Ausdruck werden, ganz gleich ob man ein vorgegebenes Stück spielt oder eine Improvisation! Je älter ein Kind wird, desto befangener improvisiert es vor anderen Leuten. Kleine Kinder kennen diese Hemmungen noch nicht. Sie machen sich die Welt der Musik spielerisch zu Eigen: »Mami, hör mal! Das klingt toll!« Die fünfjährige Svea ist ganz vertieft in ihr kleines Konzert mit den Orff-Instrumenten. Fragt man dagegen ein zehnjähriges Kind, ob es eine eigene

Improvisation in der Orff-Gruppe

Eine Improvisationsstunde mit Fünfjährigen könnte folgendermaßen aussehen: Jedes Kind wählt einige Instrumente zum Spielen aus. Wir wollen kein vorgegebenes Lied lernen, sondern nach vorher gemeinsam festgelegten Regeln improvisieren. Ich schlage vor, dass jeder seine Instrumentengruppe mit einem Solo vorstellt. Ein Kind spielt, die anderen hören zu. Danach antwortet ein anderes Kind mit seinen Instrumenten auf das vorhergehende Solo, dann das nächste und so fort. Auf diese Weise ergibt sich ein musikalisches Gespräch. Verläuft es freundlich, oder fallen sich alle ins Wort? Wir lassen uns überraschen. Im zweiten Durchlauf legen wir die Gesprächsstimmung dann gemeinsam fest. Wählen wir ein Streitgespräch oder ein freundliches Kennenlernen auf dem Spielplatz? Wenn jedes Kind seinen musikalischen »Stimmungskommentar« abgegeben hat, sind wir meist schon richtig in Fahrt. Wir denken uns eine einfache Geschichte aus und legen ihren Handlungsablauf fest. Diesmal wollen wir nur spielen, nicht singen. Die Kinder überlegen selbst, welche Musik zur Handlung passt. Der Ablauf der Geschichte wird so lange geübt, bis er reibungslos funktioniert.

»Komposition« anderen vorspielen möchte, bekommt man meist folgende Antwort: »Nee, ich trau mich nicht! Das ist mir zu peinlich!« Was kann man aber tun, um diese Befangenheit gar nicht erst aufkommen zu lassen? Man kann gezielt Techniken zum Improvisieren lernen. Im besten Fall ist Improvisation ein fester Bestandteil des Musikunterrichts.

Instrumentalspiel

Das Instrumentalspiel wird nun zunehmend differenzierter. Wurden bisher hauptsächlich Klangblöcke als Melodie-Instrumente eingesetzt, beginnen die Kinder nun auf einem Xylophon zu spielen. Ein Klangblock erzeugt beim Spielen einen einzelnen Ton, ein Xylophon besteht sozusagen aus aneinander gereihten Klangblöcken in verschiedenen Tonhöhen. Diese verschiedenen Töne lernen sie nach und nach kennen und spielen. Welche Namen haben die Töne? Und wie kann man mit ihnen ein schönes Lied zaubern?

Auch die Liedgestaltung wird phantasievoller. Lieder mit mehreren Strophen werden auf verschiedene Arten begleitet. Mal einstimmig, mal mehrstimmig, Instrumentengruppen wechseln sich ab usw.

Blockflöte

Viele Lehrer beziehen im zweiten Halbjahr des Kurses auch die Blockflöte in den Unterricht ein. Sie ist das erste »richtige« Instrument, das die Kinder ausprobieren. Den Atem, den sie bislang beim Singen benutzt haben, brauchen sie nun auch zur Tonerzeugung bei einem Blasinstrument. Eine ganz neue Erfahrung! Langsam werden die ersten drei Töne eingeführt und kleine Liedchen damit gespielt. So wird der richtige Umgang mit dem Instrument Schritt für Schritt erlernt. Mehr zum Thema »Blockflöte« finden Sie im Abschnitt »Ein wenig Instrumentenkunde« auf Seite 107.

Einführen »richtiger« Instrumente

Da die Kinder in der Orff-Gruppe auf das Spielen eines Instrumentes vorbereitet werden, führt man die Instrumente nun meist nach und nach ein. Mal wird die Geige ausprobiert, mal die Gitarre. Einige der vorgestellten Instrumente (wie Klavier, Geige, Blockflöte, Gitarre) können die Kinder mit sechs Jahren schon spielen, andere sind erst ab neun Jahren geeignet, wie die Klarinette oder das Saxophon (siehe Seite 119).

Rhythmik-Gruppen, Musikalischer Kindergarten & Co.

Die bisher beschriebenen klassischen Früherziehungsformen werden durch eine Vielzahl von weiteren Kursangeboten ergänzt:

- *Rhythmik-Gruppen:* Dieses Angebot legt, wie der Name schon sagt, den Schwerpunkt des Unterrichts auf die rhythmische Erziehung. Ausgehend von rhythmischer Bewegung im Tanz werden alle anderen Elemente der Musikerziehung wie Gesang, Improvisation und Instrumentalspiel in den Unterricht einbezogen.

- *Tanz-Gruppen:* Sie sind Vorformen des Ballettunterrichts. Der Schwerpunkt des Unterrichts ist die Bewegung. Das Instrumentalspiel und das Singen werden einbezogen, jedoch nicht so stark wie im klassischen Früherziehungsunterricht. Meist werden diese Gruppen von ausgebildeten Tänzern mit einer musikalischen Zusatzausbildung geleitet.

- *Musikalischer Spielkreis und Musikalischer Kindergarten:* Hinter diesen beiden Bezeichnungen verbirgt sich in aller Regel nichts anderes als ein Angebot zur musikalischen Früherziehung.

Leitfaden: Musikalische Früherziehung

- Musikalische Frühförderung in einer Musikschule führt kindgerecht in die Welt der Musik ein. Der Schwerpunkt des Unterrichts liegt in einer spielerischen Kombination von Musik und Bewegung.

- In Musikalischen Krabbelgruppen werden die motorischen Fertigkeiten der Kinder geschult, und ihr Gehör wird trainiert. Die Eltern lernen, die musikalische Entwicklung ihrer Kinder mit einfachen Mitteln zu unterstützen. Während des Unterrichts sind die Eltern in das musikalische Geschehen einbezogen.

- In den Eltern-Kind-Kursen nehmen die Eltern begleitend und unterstützend am Unterricht teil und halten sich eher im Hintergrund.

- Drei- bis vierjährige Kinder lernen in der musikalischen Früherziehung einfache Lieder und Tänze und gestalten musikalische Geschichten mit den Orff-Instrumenten. Mit Hilfe der Sprache werden musikalische Rhythmen erfasst. Soziales Handeln innerhalb einer Gruppe wird geübt.

- Vier- bis fünfjährige Kinder besuchen die Kurse der Musikalischen Grundausbildung. Alle Themen der Früherziehung werden hier vertieft und erweitert. Darüber hinaus bringen die Kinder ihre eigenen Ideen aktiv in den Unterricht ein. Das Instrumentalspiel wird differenzierter, und die Kinder erobern im Rahmen von Bewegungsspielen den gesamten Raum.

- Fünf- bis sechsjährige Kinder nehmen an den Orff-Gruppen teil. Dieser Unterricht ist eine Vorbereitung auf das Instrumentalspiel. Die ersten Noten werden gelernt und an den Instrumenten umgesetzt. Die Blockflöte wird eingeführt, das klassische Instrumentarium wird vorgestellt und Improvisationstechniken werden erlernt.

07

Instrumental-
unterricht

*Bevor es richtig losgeht,
will vieles gut bedacht sein:
die Entscheidung für ein
Instrument, die Wahl des Lehrers
und die Notwendigkeit des Übens!*

Ein guter Start erleichtert alles!

Kommen Ihnen folgende Sätze bekannt vor?

● »Ich hätte als Kind so gern ein Instrument gespielt, aber bei uns war das finanziell nicht drin.«

● »Als Kind hatte ich einige Jahre Klavierunterricht, denn wir hatten ein Klavier zu Hause. Ich hätte aber viel lieber Geige gespielt. Heute spiele ich gar nicht mehr, denn das Klavier sagt mir nicht so zu.«

● »Ich hatte einen schrecklichen Lehrer und habe mich durch meinen Unterricht gequält. Aber vielleicht bin ich ja nur nicht musikalisch genug.«

Diese und viele ähnliche Aussagen höre ich oft, wenn Eltern ihr Kind in der Musikschule vorstellen. Sie verraten Unsicherheit und schlechte Erfahrungen. Das falsche Instrument, kein Sinn für Musik in der Familie oder schlimmer: ein schlechter Lehrer – viele Umstände haben das Verhältnis so mancher Eltern zum Musikunterricht früh getrübt.

Diese Erfahrung möchten die Eltern ihren Kinder verständlicherweise ersparen. Musizieren sollte doch eine bereichernde Erfahrung für sie werden und kein Albtraum. Dies kann aber nur gelingen, wenn Sie zuvor die wichtigsten Fragen gemeinsam mit Ihrem Kind klären:

● Welches Instrument möchte mein Kind lernen (siehe Seite 102 f.)?

● Besitzt es die dafür notwendige körperliche Konstitution und geistige Reife (siehe Seite 107 f.)?

● Gibt es einen Lehrer, zu dem ich und mein Kind ein vertrauensvolles Verhältnis entwickeln können (siehe Seite 121 f.)?

● Passt das Instrument in das häusliche Umfeld (musizierende Eltern und/oder Geschwister, Größe der Wohnung, Geräuschpegel während des Übens, siehe Seite 144 f.)?

In einer Musikschule (siehe Seite 47) können diese Fragen mit dem Musikschulleiter oder einzelnen Fachlehrern im Rahmen einer »Sprechstunde« erörtert werden. Es ist in jedem Fall anzuraten, sich mit mehreren Lehrern zu unterhalten. Bietet die Musikschule keine Sprechstunden an, ist es wichtig, in der ersten Probestunde den Lehrer zu bitten, sich das Kind genau anzuschauen. Ist das gewählte Instrument wirklich das richtige? Ist das Kind geistig und motorisch schon weit genug für das Erlernen eines Instrumentes? Welches Instrument ist als Erstinstrument zu empfehlen? Nachdem der Lehrer das Kind kennen gelernt hat, sollte man diese Fragen erörtern.

Allerdings ist es wichtig, dass diese Gespräche nicht in Gegenwart des Kindes geführt werden. Ich würde mich wie ein Blumentopf fühlen, den meine Mutter gewonnen hat und nun auf dem Markt anbietet, wenn sie in meiner Gegenwart über mich verhandeln würde! »Sollte Caroline nicht doch noch etwas warten mit dem Geigespielen?« »Na ja, ihre kleine Schwester ist motorisch wirklich wesentlich geschickter als sie.« »Meinen Sie, es hat überhaupt einen Sinn mit dem Musikunterricht …« Ihnen ginge es sicher ähnlich, oder?

Bevor ich ein Kind in meiner Sprechstunde kennen lerne, rede ich deshalb zunächst einmal mit den Eltern. Die Sprechstunde selbst kann ich so ausschließlich dem Kind widmen.

Wie sieht eine solche Sprechstunde aus?

Eltern und Kind kommen gemeinsam, aber das Kind steht im Mittelpunkt. Von ihm kann ich eigentlich alles erfahren, um das richtige Instrument zu empfehlen. Wir machen einige Übungen zusammen, singen und unterhalten uns. Dabei schaue ich mir das Kind ganz genau an:

● Ist es groß oder klein, zart oder robust, eher schüchtern oder eher extrovertiert?

- Singt es gern, hat es ein ausgeprägtes Rhythmusgefühl und kreative Phantasie?
- Wo liegen seine Vorlieben: Malt oder liest es gern? Ist es ein Träumer? Braucht es viel Bewegung?
- Wie ist seine Hand gebaut? Welches Instrument gefällt ihm am meisten?
- Hat es gesundheitliche Probleme (Rückenprobleme, motorische Störungen, Asthma etc.)?

In meiner Sprechstunde »teste« ich die Kleinen im Hinblick auf diese Kriterien. Ich sehe mir ihre Hand an, und wir machen einige Übungen am Klavier. Auf diese Weise kann ich die motorische Reife eines Kindes gut beurteilen. Der Charakter des Kindes und sein eventuell vorhandener Instrumentenwunsch werden in einem Gespräch während dieses »Tests« deutlich. Der Zugang eines Kindes zur Musik ist schon mit der ersten gezielten Übung und einem kleinen Liedchen klar erkennbar. Während wir spielen und singen, vergehen etwa 15 bis 30 Minuten. So sehe ich auch, ob ein Kind eine halbe Stunde Unterricht durchhalten kann.

Marc will Geige spielen

Der siebenjährige Marc hatte eine Vorliebe für Geige, Klavier fand er aber auch nicht schlecht. Quirlig saß er neben mir auf dem Klavierhocker und versuchte die Übungen auszuführen, die ich ihm zeigte. Dabei war er sehr ungnädig mit sich selbst, er wollte sofort aufgeben, sobald die Finger ein wenig Mühe hatten. Zudem hatte er eine leichte Störung der Feinmotorik, die physiotherapeutisch behandelt wurde. Von der Störung war nicht viel zu merken, sie verunsicherte ihn jedoch. Er versuchte das zu überspielen, indem er alles kommentierte: »Das ist doch pipi einfach! Das kann ich schon längst!« Außerdem war er sehr ungeduldig und unruhig. »Mein Gott«, dachte ich, »wie soll dieses Kind die mühsame Tonerzeugung und komplizierte Körperhaltung beim Geigespielen ertragen?« Da bei diesem Instrument die Töne erst einmal gesucht werden müssen, braucht man anfangs sehr viel Geduld und Konzentration. »Ob Marc die wohl aufbringen kann?«, fragte ich mich. Andererseits passten seine schlanken Finger und sein lebhaftes Temperament eigentlich sehr gut zur Geige. Wenn er nun wirklich den Ton der Geige mochte, war er vielleicht auch in der Lage, dafür sein Zappeln in den Griff zu bekommen.

Das zweite Instrument, dass ich in meine Überlegungen einschloss, war das Klavier. Die Tonerzeugung ist hier am Anfang vergleichsweise einfach. Tippt man eine Taste an, erklingt sofort ein sauberer Ton. Meist kann man schon nach der ersten Stunde ein kleines Liedchen spielen. Auch muss ein Klavier im Gegensatz zu einer Geige nicht erst ausgepackt und mühsam gestimmt werden. Zudem wird beim Klavierspielen die Feinmotorik aller zehn Finger gleichmäßig trainiert. Bei der Geige streicht eine Hand den Bogen, die andere benutzt die Finger zur Tonerzeugung. Am Klavier machen alle Finger dasselbe, und die ergonomische Haltung vor dem Klavier stärkt den Rücken. Insgesamt hätte das Klavier eine therapeutische (kräftigende und stabilisierende) Wirkung auf Marcs motorische Probleme.

All dies besprach ich später mit der Mutter des Jungen. Der kleine Bruder wollte auf jeden Fall Klavier spielen, deshalb kauften die Eltern eines. Sie entschieden weiter, dass Marc zunächst auch damit beginnen sollte, denn seinen physischen Problemen würde das Klavierspielen sicher gut tun. Später (nach einem Jahr) würde man dann noch einmal über das Thema Geige nachdenken.

Also begann Marc mit Klavierunterricht, und es machte ihm viel Spaß. Die Krankengymnastik konnte reduziert und durch die »Therapie am Klavier« ersetzt werden, die ihr Augenmerk nicht auf Marcs Krankheit, sondern auf eine gesunde und schöne Beschäftigung lenkte. Denn die Stücke, die er mit seinen Händen am Klavier gestaltete, waren ein greifbarer Erfolg. Er wusste nun: »Ich kann genauso gut Klavier spielen wie die anderen Kinder. Wenn ich mir Mühe gebe und ein wenig Geduld habe, kann ich mit meinen Händen Klänge zaubern. Meine Hände sind prima.« Und er dachte nicht länger: »Ach, der Arzt sagt, meine Hände funktionieren nicht richtig. Das macht mich traurig. Am besten mache ich ein paar Faxen, spiele den Clown, dann merkt´s vielleicht keiner!«

Mit der Zeit wuchsen sein Selbstvertrauen und seine Ausdauer, und seine Hand wurden sinnvoll geschult (im Kapitel »Musiktherapie«, Seite 178, werde ich noch einmal auf Marc zurückkommen).

Marc war mit der Entscheidung für das Klavier einverstanden. Dieser Punkt ist sehr wichtig. Wenn ein Kind ein bestimmtes Instrument nicht mag, keine »Seelenverwandschaft« mit ihm hat, wird ihm die tägliche Beschäftigung damit zur Qual. Eine Mutter sagte kürzlich zu mir: »Ich musste als Kind Akkordeon spielen. Ich wurde von meinen Eltern dazu gezwungen. Das möchte ich meinen Kindern auf jeden Fall ersparen!« Also: Üben Sie keinen Zwang auf Ihr Kind aus!

Das richtige Einstiegsalter

Die Suche nach dem richtigen Instrument ist eng verknüpft mit der Frage nach dem richtigen Einstiegsalter. Ich habe bereits erwähnt, dass nicht jedes Instrument schon mit sechs Jahren gespielt werden kann. Das heißt aber nicht, dass man erst als Zehnjähriger mit dem Erlernen eines Instrumentes (Schlagzeug, Querflöte etc.) beginnen sollte. Das beste Einstiegsalter für den Instrumentalunterricht liegt bei ungefähr sechs Jahren.

Die Motorik und Konzentrationsfähigkeit der meisten Kinder ist in diesem Alter schon weit genug entwickelt, um mit dem Instrumentalunterricht zu beginnen. Die Hände der Kinder sind dann besonders gut formbar, die Musik wird spielerisch erfasst. Ich beobachte immer wieder, mit welcher Leichtigkeit die Kleinen lernen. Was ich auch zeige und vorspiele, alles wird neugierig und völlig unbefangen nachgeahmt.

Der Beginn des Instrumentalunterrichts sollte jedoch nicht mit der Einschulung zusammenfallen. Diese ist an sich schon aufregend genug und muss von den Kleinen erst einmal verarbeitet werden. Am besten beginnt Ihr Kind entweder einige Wochen vor oder einige Wochen nach der Einschulung mit dem Instrumentalunterricht.

Die wichtigste Voraussetzung dafür ist in jedem Fall aber die notwendige körperliche und geistige Reife, die ein Kind mitbringen muss. Deshalb ist das sechste Lebensjahr nur eine ungefähre Altersgrenze. Letztlich ist der Entwicklungsstand des Kindes das entscheidende Kriterium! Es gilt stets die Regel: In jedem Einzelfall muss sorgfältig geprüft werden, wann ein Kind mit dem Instrumentalunterricht beginnt. Das eine Kind ist schon mit fünf Jahren sehr geschickt, dem anderen wollen seine Finger erst mit sieben Jahren gehorchen. Ebenso ist es mit der Konzentrationsfähigkeit. Manche Kinder können sich schon mit fünf Jahren hervorragend konzentrieren, andere erst mit acht. Die einen müssen zum Üben ständig ermahnt werden, die anderen tun es von allein.

Ich trete hier so vehement für ein frühes Einstiegsalter ein, dass Sie zu dem Schluß kommen könnten:»Oh je, Anschluss verpasst, mein Kind ist schon zu alt. Hilfe, was soll ich denn jetzt tun?« Genau das möchte ich natürlich nicht erreichen, denn grundsätzlich kann man in jedem Alter mit dem Instrumentalunterricht beginnen. Das lohnt sich immer. Ich versuche nur, den Idealfall darzustellen.

Melissandre und David –
zwei »Karrieren«, die Mut machen

Melissandre war fünfeinhalb Jahre alt, als sie mit dem Klavierspielen begann. Sie besuchte schon seit einigen Monaten die erste Klasse der Französische Schule und wusste, was es heißt, eine halbe Stunde lang still zu sitzen und zu arbeiten (die Grundschule beginnt in Frankreich ganz regulär ein Jahr früher als bei uns). Ich hatte von Anfang an keine Mühe, sie zum Lernen zu motivieren, da sie sich schon in der Schule daran gewöhnt hatte. Wissbegierig nahm sie alles auf, was ich ihr zu bieten hatte. Wir spielten am Anfang kleine Übungen und Lieder ohne Noten, um die richtige Handhaltung zu üben. Nach etwa fünf Wochen hatte sie dieses »Programm« geschafft, so dass wir nun zusätzlich mit dem Notenlesen beginnen konnten. Es hat uns einen riesigen Spaß gemacht, alle unsere Lieder zu singen, manchmal haben wir sie auch getanzt. Melissandre machte (und macht) sehr gute Fortschritte und kommt gern zum Unterricht.

David hämmerte begeistert in die Tasten. Ich hatte ihm eine Woche zuvor ein sehr schwieriges Stück zum Üben gegeben, und er platzte vor Stolz. »Damit marschiere ich an gaaanz vielen Stücken in der Fibel vorbei!«, erklärte er mir strahlend und spielte das Stück noch einmal mit viel Schwung. Als David sechs war, hatten wir uns in einer Probestunde kennen gelernt und auf Anhieb gemocht. Ihm machte das Musizieren von Anfang an Spaß, und er übte auch freiwillig. Im ersten Jahr hatte er schon an zwei Schülerkonzerten teilgenommen und fühlte sich mittlerweile als »Profi«. Er war aber auch wirklich schon sehr gut. »Ich spiele richtige Stücke, keinen Babykram!«, grinste er mich an. Das stimmte. Wir beide wurden durch seinen Enthusiasmus sehr motiviert. Völlig mühelos hatte er ein sehr hohes Niveau erreicht und würde bald an einem Wettbewerb teilnehmen. Da er noch so jung war, betrachtete er das Musizieren als spielerische Angelegenheit. Er entwickelte keinen verbissenen Ehrgeiz, weil ich ihn auf einen Wettbewerb vorbereitete, sondern es machte ihm einfach Spaß, Anerkennung für seine Leistungen zu bekommen. Und das ist der entscheidende Punkt: David musste sich nicht anstrengen, um so weit zu kommen. Er hatte einfach früh genug begonnen.

Die Geschichte von Jan zeigt, dass es nicht immer so reibungslos klappt. Probleme treten vor allem dann auf, wenn die körperliche und geistige Reife eines Kindes nicht in Einklang sind.

Kurz vor seinem fünften Geburtstag äußerte Jan den dringenden Wunsch, Geige spielen zu lernen. Er zeigte in der Früherziehung eine außergewöhnliche motorische Geschicklichkeit, so dass ich nichts gegen einen parallel laufenden Geigenunterricht einzuwenden hatte. Stolz marschierte Herr Jan (wie ich ihn ab sofort mit seinem Geigenkasten nannte) zum Unterricht. Der Geigenlehrer hatte viel Freude an ihm, denn er machte tatsächlich schnelle Fortschritte. Das Drama folgte dann jedoch zu Hause. Herr Jan wollte nämlich überhaupt nicht üben. Kann man ja verstehen bei Kindern in diesem Alter. Die Geduld der Mutter war schon durch einen widerwillig übenden älteren Bruder stark strapaziert, und nun zerrte auch der Kleine täglich an ihren Nerven. Das war ihr zu viel. Herr Jan hatte so großen Erfolg mit dem Übezirkus zu Hause, dass er beschloss, seine Extravaganzen auch im Unterricht aufzuführen. Der Lehrer erlebte mehrere Stunden hintereinander ganz erstaunliche Theateraufführungen. Er gestaltete den Unterricht nicht wie für einen

Sechsjährigen, sondern garnierte ihn mit Elementen aus der musikalischen Früherziehung. Aber selbst das half hier nicht weiter. Herr Jan testete den Lehrer, wie es seinem Alter entsprach:»Mal sehen, ob ich hier genauso auswitschen kann wie bei Mama?!« Also bestand er darauf, im Unterricht nur interessante Geschichten zu erzählen und war kaum dazu zu bewegen, die Geige auch nur in die Hand zu nehmen. Das duldete der Lehrer nicht. Der Kleine merkte, dass sein Auftritt im Unterricht keinen so guten Anklang fand wie zu Hause, wo Mama ganz gezielt auf die Palme gebracht werden konnte. Also beschloss er kurzerhand, die Geigerei an den Nagel zu hängen. Würdevoll teilte er mir seinen Entschluss mit. An diesem Punkt hätten Mutter und Lehrer eine einheitliche Strategie finden müssen, um angemessen mit Herrn Jans Übezirkus umzugehen. Da bei einem gerade Fünfjährigen rationale Argumente noch nichts ausrichten, ist es wichtig, dass Eltern und Lehrer sehr eng zusammenarbeiten und dieselben Vorgaben machen, was das tägliche Üben betrifft. Können sich Eltern und Lehrer gemeinsam durchsetzen, erkennt das Kind:»Aha, diese Sache kann nicht diskutiert werden. Das Üben gehört zum Tagesablauf wie das Zähneputzen.« Ist ein Kind noch nicht reif für eine solche Vorgehensweise, sollte man noch ein wenig warten, bevor es mit dem Instrumentalunterricht beginnt. Das zeigt auch das nächste Beispiel.

Ein nettes Geschwisterpärchen kam vor etwa einem Jahr zur Probestunde. Der ältere Junge war acht Jahre alt. Seine Hand war nicht ideal für das Klavierspielen, trotzdem begann er voller Enthusiasmus mit dem Unterricht. Er übte viel und regelmäßig, und machte rasch Fortschritte. Sein sechsjähriger Bruder wollte auch unbedingt Klavier spielen, konnte seine Finger aber noch nicht dazu bringen, so zu funktionieren, wie sie sollten. Er war motorisch einfach noch nicht weit genug. Ich empfahl ihm, noch ein paar Monate zu warten. Ein sechsjähriges Kind hat meist noch nicht die Ausdauer, die Achtjährige an den Tag legen.

Er nahm meinen Rat an und begann mit dem Klavierspielen ein halbes Jahr später. Nun hatte auch er Erfolg, denn mittlerweile waren seine motorischen Fähigkeiten besser entwickelt.

Beginnt ein Kind zu früh mit dem Instrumentalunterricht, besteht die Gefahr, dass es bald wieder aufgibt, wenn der Erfolg auf sich warten lässt!

Instrumentalunterricht erst mit neun Jahren?

Aus den eben beschriebenen Gründen vertreten manche Lehrer die Auffassung, das beste Einstiegsalter sei erst mit acht oder neun Jahren erreicht. Die Kinder machen in diesem Alter anfangs auch tatsächlich sehr schnell Fortschritte, sie üben selbstständig, entscheiden allein, ob sie zum Unterricht kommen wollen, und stehen zu dieser Entscheidung auch während einer Durststrecke, die früher oder später auftritt. Sie erfassen das Notensystem rasch und wissen sich auch selbst zu helfen. Die Chance, einige Jahre Unterricht auch ohne elterliche Hilfe durchzuhalten, ist also sehr hoch. Allerdings fällt es Kindern dieser Altersgruppe oft wesentlich schwerer als jüngeren Kindern, die Hand richtig zu formen! Es dauert länger, die richtige Handstellung zu erarbeiten, selbst bei einem motorisch geschickten Kind. Je jünger ein Kind ist, desto weicher sind seine Muskeln und Sehnen. Da die Kleinen zudem nicht reflektieren, was ihre Hand macht, sondern beim Lehrer »abgucken«, wie die Hand aussehen soll, ahmen sie diesen völlig unbefangen nach. Größere Kinder hingegen versuchen zu verstehen, was sie machen sollen: »Ob ich das wohl kann?« »Oh je, wie war das, Hand, Melodie, Finger, Musik …?« »Wie soll ich das alles unter einen Hut bringen?!«

Die Kinder gehen auch nicht mehr intuitiv an die Musik heran. Die Unbefangenheit eines Sechsjährigen ist einer kritischen Distanz zur Umwelt gewichen. Das drückt sich auch in der Art des Musizierens aus.

Mädchen und Jungen entwickeln sich unterschiedlich

Auch das Geschlecht hat Einfluss auf den Entwicklungsstand eines Kindes. Das Gehirn entwickelt sich bei Jungen und Mädchen unterschiedlich. Gerade im ersten Grundschuljahr sind die Mädchen in ihrer geistigen Entwicklung in der Regel sechs bis zwölf Monate weiter als die Jungen (diese holen diesen Abstand aber später wieder auf). Dieser Entwicklungsrückstand macht sich besonders in der Feinmotorik bemerkbar. Jungen befinden sich bei der Einschulung oft noch in der grobmotorischen Phase. Deshalb toben sie ständig herum und bewegen dabei die großen Muskelgruppen. Das kann dazu führen, dass Jungen mit den Anforderungen des Instrumentalunterrichtes, nämlich still zu sitzen und die Finger zu bewegen, noch nicht so zurechtkommen wie gleichaltrige Mädchen. Deshalb könnte man bei einem Jungen zu dem Schluss kommen, ihn noch ein Jahr zurückzustellen. Das muss aber nicht zwangsläufig der Fall sein! Die Unterschiede sind oft nur minimal und zudem unterschiedlich stark ausgeprägt. Ich habe einige sechsjährige Jungen im Unterricht, die den Anforderungen mühelos gerecht werden. Außerdem fördert das Musizieren in hohem Maße die Entwicklung der Feinmotorik, so dass auch kleine Jungs vom Instrumentalunterricht profitieren.

Pubertät und Musikunterricht

Während der Pubertät stellen viele Kinder ihre musikalischen Bemühungen wieder ein und brechen den Unterricht ab. Die Disziplin beim Üben fällt der allgemeinen Lustlosigkeit und Launenhaftigkeit zum Opfer. Allerdings beobachte ich häufig, dass Kinder, die früh mit dem Musizieren begonnen haben und ihr Instrument schon einigermaßen beherrschen, auch während der Pubertät nicht zu spielen aufhören. Das hat mehrere Gründe. Wer sein

Instrument technisch schon gut beherrscht, kann auch seine seelische Verfassung mit Hilfe der Musik ausdrücken. Das Instrument wird als Freund und Partner gesehen, als Ventil für die widersprüchlichen Emotionen, mit denen Jugendliche zu kämpfen haben. Wenn ich einsam und unverstanden an der Welt krankte – meine bevorzugte Seelenlage zwischen dreizehn und fünfzehn – dachte ich oft: »Wenigstens mein Klavier versteht mich. Es kommt genau das heraus, was ich hineingebe, ohne Missverständnisse, ohne Ärger.« Während dieser Zeit habe ich mein Instrument leidenschaftlich geliebt. Es hat mir über so manche Not hinweggeholfen. Ich musste mich nur improvisierend oder mit einem meiner Stimmung entsprechenden Musikstück ans Klavier setzen, und schon ging es mir besser.

Wenn man während der vielen Jahre der Beschäftigung mit einem Instrument gelernt hat, nicht immer sofort aufzugeben, sobald eine Stelle, ein Stück nicht funktionieren wollte, hat man auch gelernt, mit seiner Enttäuschung umzugehen. Solange man in liebevoller Geduld mit sich selbst übt, klappt die entsprechende Sache eben ein, zwei Tage später. Und zwar verlässlich! Diese Erfahrung ist angesichts der großen Selbstzweifel und der Stimmungsschwankungen während der Pubertät sehr hilfreich!

Meine Geige und ich – Szenen einer Freundschaft

Julia spielt seit einigen Jahren Geige und muss sich mit anspruchsvollen Stücken abkämpfen. Das Üben lief bei ihr jahrelang nach folgendem Drehbuch ab:

Ort: ein idyllisches Haus in einer Großstadt; Kinderzimmer
Zeit: nachmittags um halb fünf

Szene 1
(Julia übt Geige)
Stück runterrotzen - klappt nicht! Noch mal runterrotzen
- klappt erst recht nicht! Wutanfall und lautes Rumtrampeln, ein schriller Schrei: »Ich kann das niiicht!«

Szene 2
10 Minuten später
Ein erneuter, weniger hitziger Anlauf. Diesmal weniger
Toben und Schreien, langsameres und schöneres Geigenspiel …

Szene 3
Zwei Tage später
Erfolgserlebnis! Das Stück klappt!
Happyend

Dieser (sicherlich spannende) Film wurde der leidenden Familie jahrelang vorgeführt. Doch mit der Zeit lernte Julia, Geduld mit sich und der Geige zu haben, nicht gleich frustriert zu toben und sich positiv zu motivieren: »Los, noch mal! Du schaffst das schon!« Diese Erfahrung hilft ihr heute auch in der Schule, im Umgang mit Freunden und beim Sport.

Musik als Beruf

Ein weiteres Argument für einen frühen Start ist die Möglichkeit, aus dem Hobby einen Beruf zu machen. Das wird aber nur gelingen, wenn das Kind rechtzeitige Förderung bekommt. Jetzt werden sie vielleicht denken »Um Himmels willen, nur das nicht. Solch einen Ehrgeiz haben wir auf keinen Fall!« Sollen Sie auch nicht haben. Aber vielleicht entscheidet sich ihr Kind selbst dafür, Berufsmusiker werden zu wollen. Dann allerdings muss es mit sechzehn, achtzehn Jahren weit genug fortgeschritten sein, um die Aufnahmeprüfung an einer Musikhochschule zu bestehen. Denn die ist die Voraussetzung für ein Musikstudium. Für die allermeisten Kinder ist Musik nach wie vor einfach nur eine schöne Freizeitbeschäftigung. Aber für ein bis zwei Prozent der Schüler ist Musik eine Lebensaufgabe. Und die sollten gewappnet sein, wenn sie einen musikalischen Beruf ergreifen wollen. Dafür müssen sie in den ersten Jahren nicht einmal übermäßig viel üben, es genügt schon, regelmäßig über viele Jahre hinweg am Ball zu bleiben. Es gibt natürlich auch Ausnahmen. Einer meiner Lehrer hat erst mit sechzehn Jahren angefangen, Klavierunterricht zu nehmen, und heute ist er dennoch ein anerkannter Pianist und Hochschulprofessor. Aber ich weiß, welche Mühen und Opfer ihn das gekostet hat. Nicht jeder hat den fast übermenschlichen Willen, die Ausdauer und den Ehrgeiz, innerhalb von drei Jahren das Pensum von zehn Jahren zu schaffen. Er jedenfalls hat es zutiefst bedauert, nicht früher begonnen zu haben! Deshalb noch einmal: Im Alter zwischen sechs und zwölf Jahren lernen Kinder am besten; in dieser Zeit saugen sie wie ein nasser Schwamm Wissen auf. Das weiß jeder Pädagoge. Warum also sollte man seinem Kind in dieser Lebensphase das Instrumentalspiel vorenthalten? Je älter es wird, desto schwerer ist auch seine Hand formbar. Jeder Erwachsene, der mit dem Musikunterricht beginnt, kann das bestätigen!

Welches Instrument eignet sich für mein Kind?

Wie finde ich denn nun das richtige Instrument für mein Kind?

Diese Frage werden Sie sich sicherlich mittlerweile gestellt haben. Die Antwort lautet: Indem Sie zunächst einmal herausfinden, welches Instrument Ihr Kind am liebsten mag.

Dafür gibt es mehrere Möglichkeiten.

Musik hören

Viele Musikkassetten für Kinder stellen gängige Instrumente vor und erklären ihre Eigenarten auf spielerische Weise (Empfehlungen hierzu finden Sie im Anhang):

Tranquilla Trampeltreu ist eine Schildkröte, die langsam und unbeirrt ihren Weg geht. Dabei begegnen ihr alle möglichen Tiere, eine verschlafene, hochnäsige Eidechse, ein krächzender Rabe, ein hektisches Äffchen usw. Allen Tieren ist ein Instrument zugeordnet. Schon beim ersten Hören bleibt vor allem *Tranquillas* Motiv und der Klang des ihr zugeordneten Instrumentes im Ohr, da sie immer wieder auftritt. Beim wiederholten Hören spielen sich auch die anderen Instrumente ins Bewusstsein. Nun kann man mit seinem Kind besprechen, welches Tier (Instrument) ihm am meisten gefällt und dieses dann in einem Konzert oder einer Musikschule eingehend unter die Lupe nehmen.

Einen Nachteil hat diese Art von Kassetten allerdings: Das Kind kann die Instrumente beim Hören nicht sehen. Deshalb sollte man zusätzlich eine der anderen hier genannten Möglichkeiten in Betracht ziehen, um sich ein Bild (im wahrsten Sinne des Wortes!) von dem Gehörten zu verschaffen.

In den USA lief in den 60-er Jahren eine äußerst erfolgreiche Musik-Reihe für Kinder im Fernsehen: »Musik für junge Leute« mit dem berühmten Dirigenten Leonard Bernstein. Zusammen mit seinem Orchester stellte er Musikstücke und Instrumente vor. Spielerisch und humorvoll wurden dabei auch musikalische Sachverhalte erklärt. Diese Konzerte fanden riesigen Anklang. Ein Buch und eine CD zu dieser Serie sind unter dem Titel »Konzert für junge Leute« auch auf Deutsch erschienen (siehe Anhang).

Konzerte besuchen

Sie können gemeinsam mit Ihrem Kind Konzerte besuchen. Dort sieht und hört es verschiedene Instrumente in Aktion. In einem Solokonzert kann man ein Instrument ganz genau beobachten, in einem Orchesterkonzert lernt man viele Instrumente auf einmal kennen. In einem Orchester sind fast alle europäischen Instrumente vertreten. Am besten geeignet sind Kinder- und Jugendkonzerte, die in jeder größeren Stadt gegeben werden.

Bei einem Instrumenten-Schnuppertag mitmachen

Achten Sie auf die Programme der Musikschulen in ihrer Stadt. Viele bieten einmal im Jahr so genannte Instrumenten-Schnuppertage an. Unter fachkundiger Anleitung der Lehrkräfte können die Kinder dabei alle Instrumente ausprobieren, die es in der Musikschule gibt. Wenn Ihrem Kind eines besonders gut gefällt, können Sie mit dem entsprechenden Fachlehrer eine Probestunde vereinbaren. Der Lehrer entscheidet dann, ob das gewünschte Instrument für Ihr Kind geeignet ist. Und ihr Kind erlebt den Lehrer in Aktion und kann feststellen, ob es den Lehrer mag. Dieser Punkt ist sehr, sehr wichtig!

An einem Instrumenten-Karussell teilnehmen

Statt der Schnuppertage kann ihr Kind auch ein Instrumenten-Karussell besuchen. Das ist (im Gegensatz zum

103

Schnuppertag) an den meisten größeren Schulen eine Dauereinrichtung. Sie können jederzeit danach fragen.

Bei einem Instrumenten-Karussell können die Kinder ein Jahr lang für etwa jeweils sechs Wochen verschiedene Instrumente kennen lernen. Dabei wird gemeinsam mit einem Fachlehrer zum Beispiel zunächst die Gitarre ausprobiert, dann die Blockflöte, später das Klavier usw. Der jeweilige Fachlehrer lernt so das Kind kennen und kann die Familie beraten. Das Kind hat alle Instrumente gespielt und kann sich eine Vorstellung vom Unterricht mit ihnen machen.

Diese Möglichkeit ist sehr zu empfehlen. Aber Vorsicht! Wird das Karussell nicht sorgfältig betreut, kommen die Kinder mit Instrumenten in Berührung, für die sie noch zu jung sind. Probiert ein sechsjähriges Kind beispielsweise Querflöte, Klarinette und Schlagzeug aus und möchte eines dieser Instrumente spielen, sollte ein verantwortungsbewusster Fachlehrer deutlich machen, dass es damit warten muss bis es etwas älter ist (siehe Seite 119). Vor allem sollte er ein Instrument vorschlagen, dass die Zeit bis dahin überbrücken hilft.

Nora auf dem Instrumenten-Karussell

Die siebenjährige Nora hatte im Instrumenten-Karussell einer Musikschule einige Tage Oboe spielen dürfen. Seitdem stand ihr Wunsch fest: Sie wollte unbedingt Oboen-Unterricht haben!

Ich musste sie enttäuschen: »Leider zu früh! Aber vielleicht willst Du ja zur Vorbereitung Blockflöte spielen.« Ihre Augen weiteten sich voller Schrecken: »Niiiemals!« Vermutlich war Nora eines der vielen Blockflöten-Opfer, die der Musikunterricht in unseren Schulen fordert.

Nora war extrem zart gebaut, fast zerbrechlich blitzten ihre schlanken Finger aus dem Pulli hervor. Eigentlich nicht unbedingt eine Klavierhand, stellte ich fest, als sie mit genau dieser Idee kam: »Ich lerne Klavier!« Bekräftigend fügte sie hinzu: »Unbedingt! Wenn ich schon nicht Oboe spielen darf!« Also begannen wir mit dem Klavierunterricht. Noras Großmutter spielte ebenfalls Klavier und übte jeden Tag mit ihrer Enkelin. So kam Nora mit Siebenmeilenstiefeln voran. Nora ist sehr intelligent und erfasst mittlerweile mühelos die komplexen Strukturen der schweren Stücke, die sie nach nur einem Jahr spielt. Außerdem ist sie sehr musikalisch, so dass ihr das Musizieren viel Spaß macht. Ihre zarten Finger brauchen zwar immer eine Sonderbehandlung (Papagei: »Finger rund! Finger rund!«) aber alles andere klappt wunderbar. Wenn sie mit zwölf Jahren immer noch Oboe spielen möchte, kann sie auf einer guten musikalischen Grundausbildung aufbauen. Bis dahin wird sie auf hohem Niveau Klavier spielen und viel über musikalisch-technische Zusammenhänge gelernt haben. Das wird ihr den Umgang mit einem zweiten Instrument sehr erleichtern.

Schülerkonzerte der Musikschulen besuchen

Normalerweise finden in allen Musikschulen regelmäßig Schülerkonzerte statt. Sie bieten eine gute Gelegenheit, Kindern beim Musizieren zuzuhören. Das ist sehr motivierend. Auch lernt Ihr Kind auf diese Weise viele verschiedene Instrumente kennen. Wenn ihm nun eines davon besonders gut gefällt, können Sie in der Musikschule oder bei einem entsprechenden Fachlehrer nachfragen. Aber selbst, wenn Ihr Kind dort keinen Platz bekommen sollte oder die Atmosphäre der Schule Ihnen nicht zusagt, ist der Besuch eines Schülerkonzertes sehr hilfreich. Denn mit einer Vorstellung, welches Instrument ihm gefallen könnte, ist Ihr Kind schon einen großen Schritt in die richtige Richtung gegangen.

Eine Probestunde nehmen

Die Wahl eines Instruments ist eng verbunden mit der Wahl eines passenden Lehrers. Während einer Probestunde kann Ihr Kind nicht nur herausfinden, ob das gewünschte Instrument auch tatsächlich zu ihm passt, sondern auch, ob ihm der Lehrer und die Art des Unterrichts gefallen (siehe Seiten 121 und 137).

Auch auf den Lehrer kommt es an!

Miriam und Ronja sind Zwillinge. Beide kommen zu mir in die Sprechstunde. Ich soll beurteilen, ob das Klavier das richtige Instrument für sie ist. Das kann ich bestätigen, rate aber zu zwei verschiedenen Lehrern. Warum? Zum einen kann keine direkte Konkurrenzsituation entstehen, wenn die Kinder nach verschiedenen Methoden unterrichtet werden. Zum anderen sind die beiden Mädchen sehr verschieden. Die eine braucht eine klare, strenge Unterrichtsweise, die andere eine sanfte.

Mit gutem Beispiel vorangehen

Oft gibt es zu Hause schon Instrumente, Papa spielt Saxophon oder Gitarre, und Mama nimmt ab und zu die Klarinette in die Hand. Die Kinder probieren die Instrumente neugierig aus. Und manchmal ergibt sich daraus schon ein Instrumentenwunsch. Aber nicht immer! Kürzlich erzählte mir eine Mutter: »Mein Mann und ich spielen Akkordeon, wir haben regelmäßig Auftritte mit unserem Orchester. Das macht uns sehr viel Freude. Aber unsere Kinder wollen von dem Instrument nichts wissen. Sie weigern sich, es auch nur anzurühren. Woran, glauben Sie, liegt das?« Nun, es kann viele Gründe dafür geben, dass die Kinder ausgerechnet das vorhandene Instrument ablehnen. Einer davon könnte die Angst vor Konkurrenz sein. Das kann ich aus eigener Erfahrung bestätigen. Meine Mutter ist, wie ich auch, Pianistin. Wenn sie mir früher zu helfen versuchte, wehrte ich sie immer ab:»Ich habe das gaaaanz anders gelernt als Du. Ich spiele eine andere Technik. Nein, das gefällt mir musikalisch so überhaupt nicht ...« Haben Sie auch so einen Sprößling?

Wenn sich die Kinder für ein anderes Instrument entscheiden, bereichert das die Instrumentenauswahl zu Hause. Es ergeben sich neue Möglichkeiten, zusammen zu musizieren. Hätte ich Cello gespielt, hätte meine Mutter mich begleiten *dürfen*, und ich hätte eine Domäne gehabt, von der sie nicht so viel versteht. In dieser Situation befindet sich unsere Familie, denn unsere Tochter spielt Cello. Das ist für uns alle sehr gut.

Ein wenig Instrumentenkunde

Im Folgenden stelle ich die wichtigsten Instrumente, die für Ihr Kind in Frage kommen, mit ihren Eigenheiten vor und erläutere, ab welchem Alter sie jeweils gespielt werden können. Viele Instrumente gibt es aber auch in kleinerer, kindgerechter Ausführung. Hier sind zu nennen: alle Streichinstrumente, Querflöte, Akkordeon, Gitarre, Tuba, Posaune und Harfe. Mit diesen Instrumenten kann begonnen werden, sobald das Kind die körperlichen Voraussetzungen erfüllt.

Blockflöte

»Ach, ist die Blockflöte denn ein richtiges Instrument?«, bekomme ich immer wieder zu hören. Ja natürlich: Sie ist ein wunderbares Instrument, das man bis zur Konzertreife spielen kann, und beileibe kein Spuckstock, Krisenstab oder Notholz, wie manche Musiker spötteln. Die Kinder brauchen allerdings einen guten Lehrer und sollten ab und zu einen guten Blockflötisten im Konzert hören. Zugegeben, das arme Ding wird oft im Schulunterricht missbraucht! Ich selbst habe traumatische Erinnerungen an meinen Musikunterricht in der Grundschule. Die Lehrerin verstand nicht viel von Musik, zwang uns aber alle zum Flöten. Schauderhaft! Meine Sympathie für das Instrument hielt sich lange Zeit in Grenzen. Bis ich in der ersten Musikschule, in der ich arbeitete, auf einen guten Blockflötisten stieß. Die Kinder hatten Einzelunterricht und spielten richtige Stücke. Es gibt natürlich weniger Blockflötenliteratur als Klavier- oder Geigenliteratur, aber dafür bietet die Blockflöte umso reichhaltigere Spielmöglichkeiten. Und sie ist nicht so schwer erlernbar wie alle anderen, hier besprochenen Instrumente.

Die Blockflöte wird bereits in der musikalischen Früherziehung eingesetzt. Sie kann als Vorstufe zu allen Instrumenten gespielt werden, aber auch als Hauptinstrument, mit dem man schnell Erfolg erzielen kann.

Querflöte

Die Querflöte ist ein sehr beliebtes Instrument und findet sowohl im Schulorchester wie auch in der Kammermusik Verwendung. Allerdings ist die Tonerzeugung relativ kompliziert und das Halten des Instruments anstrengender als beispielsweise bei der Blockflöte oder der Klarinette. Viele Querflötisten beginnen daher erst mit zehn- bis elfjährigen Schülern. Es gibt aber auch Anfängerinstrumente mit gebogenen Mundstücken, die einen früheren Einstieg ermöglichen (ab etwa acht Jahren).

Klavier

Das Klavier ist ein ideales Einstiegsinstrument und kann bereits im Alter von sechs Jahren gespielt werden. Es bietet in mehrfacher Hinsicht eine gute Grundlage: Es ist mehrstimmig spielbar und braucht keine Begleitung. Auch die musiktheoretischen Zusammenhänge werden leichter erfasst als an einem reinen Melodie-Instrument. Und nebenbei bemerkt: Für ein Musikstudium wird grundsätzlich Klavier als Nebenfach in den Aufnahmeprüfungen verlangt.

Als Vorbereitungsinstrument ist es nicht nur für alle Blasinstrumente geeignet, sondern auch für Orgel, Cembalo und Schlagzeug, die alle eine ähnliche Körperhaltung erfordern wie das Klavier. Auch wenn es merkwürdig klingt: Das Schlagzeug mit seiner rhythmischen Komplexität ist dem Klavier verwandt, denn die vielen gleichzeitig ablaufenden Handlungsstränge sind sich ähnlich. Deshalb wünschen sich Schlagzeuglehrer Schüler, die zuvor einige Jahre Klavier spielen gelernt haben (siehe Schlagzeug, Seite 111).

Ergonomisch ist das Klavier das gesündeste von allen Instrumenten. Man sitzt gerade vor dem Instrument, die Hände nehmen eine natürliche Position ein, und die Füße stehen fest nebeneinander auf dem Boden. Die Bewegungen, die man zum Spielen braucht, schonen den Rücken. Die Finger brauchen Kraft für den Anschlag und werden gleichmäßig ausgebildet.

Deshalb rate ich Eltern, deren Kind unter Skoliose oder einer Störung der Feinmotorik leidet, zunächst zum Klavier, nicht zur Geige oder zur Gitarre, da die Körperhaltung an diesen Instrumenten Rücken, Arme und Finger einseitig belastet.

Wo weder Platz noch Geld für ein richtiges Klavier vorhanden ist, kann ein *digitales Klavier* interessant sein. Es ist kleiner und billiger als ein mechanisches Klavier und gut geeignet für hellhörige Wohnungen, denn es kann leise gestellt oder sogar über Kopfhörer gespielt werden. Noch sind diese Instrumente nicht ganz so gut wie ein mechanisches Klavier, aber Sie machen mit Sicherheit keinen Fehler, wenn Sie sich mit Ihrem Kind für solch ein Instrument entscheiden.

Keyboard

Das Keyboard ist sehr beliebt, weil es im Bereich der Pop-Musik weit verbreitet ist. Ich halte jedoch nichts davon, den Instrumentalunterricht damit zu beginnen. Denn als Regel gilt: Wer Klavier spielen kann, kann auch mit dem Keyboard umgehen, wer hingegen nur Keyboard gelernt hat, kann nicht Klavier spielen. Das hat mehrere Ursachen:

● Am Keyboard gibt es keine (oder nur eine sehr geringe) Möglichkeit, einen Ton unterschiedlich zu gestalten. Drückt man eine Taste, kommt immer derselbe Ton heraus, egal, wie fest oder zart man anschlägt. Dagegen lernen die Kinder im Klavierunterricht von der ersten Stunde an, dass ihr Tun am Instrument klangliche Konsequenzen hat, denn das Instrument ist beseelt, es korrespondiert mit dem Spieler.

● Der Keyboardunterricht vernachlässigt zudem meist die linke Hand. Oft kommen Schüler zu mir in den Unterricht, die erstens keine Anschlagtechnik haben und zweitens mit ihrer linken Hand nicht viel anfangen können. Deren Ausbildung blieb im Keyboardunterricht auf der Strecke. Es ist sehr mühsam, diesen Rückstand aufzuholen!

● Darüber hinaus haben Keyboardspieler ein merkwürdig distanziertes Verhältnis zum Musizieren, man merkt, dass sie seelisch nicht involviert sind. Das ist aber nicht ihre Schuld, sondern liegt an der oben erwähnten Klangerzeugung des Keyboards.

Das Keyboard hat seine Stärken in einem anderen Bereich. So ist es für die Soundgestaltung in der Bandarbeit sehr gut geeignet. Wer die technischen und musikalischen Grundlagen des Klavierspielens beherrscht, kann an diesem Instrument sehr kreativ sein. Mein Rat: Finger weg vom Keyboard – als Einstiegsinstrument ist es vollkommen ungeeignet!

Orgel und Cembalo

Die Liebe zur Orgel ist eine große Leidenschaft. Johann Sebastian Bach nannte sie gar die »Königin der Instrumente«. Diesen Ehrentitel trägt die große Kirchenorgel zurecht, da man sie in unendlich vielen Varianten spielen kann. Da aber die Füße ebenso viel zu tun haben wie die Hände, ist das Spielen einer Orgel ein sehr komplexer Vorgang. Es gibt viele Zusatzfunktionen zur Tastatur, die der Schüler lernen muss. Außerdem muss er groß genug sein, um mit den Füßen an die vielen Pedale zu kommen. Denn diese haben keine Zusatzfunktion wie etwa die Klavierpedale, sondern stellen eine eigene »Tastatur« dar, die von Anfang an einbezogen werden muss. Einige Jahre Klavierunterricht sind in jedem Fall eine gute Vorbereitung für künftige Organisten.

Letzteres gilt auch für das Cembalo. Es wird hauptsächlich von »Alte-Musik-Freaks« gespielt. Wohl auch aus diesem Grund studieren Blockflötisten im zweiten Hauptfach oftmals Cembalo.

Schlagzeug

Das Schlagzeug ist das Trauminstrument vieler Jungen. Sie wollen möglichst schon mit fünf Jahren beginnen! Das geht aber leider nicht. Manche Lehrer beginnen mit achtjährigen, die meisten aber erst mit zehnjährigen Kindern. Die beste Vorbereitung auf dieses rhythmisch und motorisch sehr komplexe Instrument ist das Klavier (siehe Klavier).

Akkordeon

Das Akkordeon wurde lange Zeit ausschließlich als Volksmusik-Instrument wahrgenommen. Und die wenigsten Leute wissen, dass eine klassische Ausbildung auf dem Akkordeon sogar bis zum Hochschulstudium führen kann. Es gibt viele zeitgenössische Werke für das Instrument sowie eine Fülle von Übertragungen vom Klavier und vom Harmonium, die das klassische Repertoire des Instrumentes erweitern. Bei einem gesunden Rücken und kräftigen Handgelenken kann schon im Alter von sieben Jahren mit dem Akkordeonunterricht begonnen werden. Weshalb kräftige Handgelenke? Das Akkordeon ruht beim Spielen auf den Handgelenken und dem Unterarm. Zudem wird eine Hand zum Drücken der Tasten oder Knöpfe eingesetzt. Das belastet die Handgelenke.

Der kräftige Rücken ist empfehlenswert, weil das gesamte Gewicht des Instrumentes vom Rücken getragen wird.

Geige

Die Geige ist, wie das Klavier, ein ideales Einstiegsinstrument für sechsjährige Kinder – allerdings sollten sie einen gesunden Rücken haben. Die Geige ist ein extrovertiertes, solistisches Instrument. Seine hohen Töne sind nicht jedermanns Sache! Und nicht wenigen Eltern läuft ein kalter Schauer über den Rücken, wenn sie sich vorstellen, wie ihr Nachwuchs krächzend und quietschend auf der Geige übt. Dazu kann ich nach langjähriger Musikschulerfahrung Folgendes sagen: Wenn der Lehrer gut ist, kratzt der Schüler selbst am Anfang nicht besonders, und auch die Töne sind nicht so schief, dass die Milch sauer wird. Geigen kann von der ersten Unterrichtsstunde an mit Wohlklang verbunden sein. Diese Feststellung gilt übrigens auch für alle anderen Streichinstrumente!

Bratsche

Bratschisten werden – vor allem in Schulorchestern – immer gesucht. Eine wichtige Voraussetzung für Bratschisten sind große Hände. Deshalb wird empfohlen, mit dem Bratschespielen erst ab dem zwölften Lebensjahr zu beginnen. Als Vorbereitung lernt Ihr Kind am besten Geige. Viele Kinder, die jahrelang Geige gespielt haben und sich dann der Bratsche zuwenden, lieben diese oft mehr als die Geige. Das Instrument ist ruhiger, klingt tiefer und ist weniger irisierend als die Geige.

Cello

Das Cello ist nach der Bratsche das nächstgrößere und tiefere Instrument der Streicherfamilie. Es hat die ergonomisch besten Voraussetzungen aller Streichinstrumente, der Musiker »umarmt« es beim Spielen regelrecht.

Schon mit sechs bis sieben Jahren können Kinder dieses Instrument spielen. Es erfordert aber eine große Hand und Kraft im Rücken und in den Armen. Ein zartes Kind, das seine Liebe zum Cello entdeckt hat, wird mit der physischen Kraftanstrengung zu kämpfen haben. Ist es eine wirklich große Liebe, kann man diese Kraft antrainieren bzw. den Mangel an Kraft mit einer guten Technik kompensieren.

Auf unseren Konzertbühnen brillieren hauptsächlich Violinisten (und laut donnernde Pianisten) als groß angekündigte und gefeierte Virtuosen. Das ruhigere, sonore Cello hingegen hat es nie ganz geschafft, einen solchen Kultstatus zu erringen, obwohl es wundervolle Konzertliteratur für das Instrument gibt.

Kontrabass

Der Kontrabass ist wirklich nur etwas für größere Kinder! Es gibt Anfängerinstrumente für etwa Neunjährige und sehr schöne Unterrichtsliteratur, aber das Kind sollte wirklich große Hände mit einer enormen Spanne zwischen den Fingern haben! Sind diese Voraussetzungen gegeben, können der sehr tiefe Klang und die Einsatzmöglichkeiten des Kontrabasses in Klassik und Jazz so manches Kind locken.

Spielt ein Jugendlicher schon seit einigen Jahren Cello und entscheidet sich dann für den Kontrabass, hat er große Chancen, viel Freude daran zu haben. Das heißt aber nicht, dass man zunächst Cello spielen muss, bevor man sich an den Kontrabass wagt.

Gitarre

Die Gitarre ist ein wunderbar vielseitiges, jedoch sehr schwierig zu spielendes Instrument, vielleicht sogar das schwierigste überhaupt – trotz der gängigen Meinung: »Ach, so ein bisschen Klampfen kann ich nebenbei noch lernen!«

Die Gitarre ist – wie das Klavier – mehrstimmig spielbar, aber die Tonerzeugung ist am Anfang viel komplizierter. Das Instrument hat unendlich viele Facetten in der Tongestaltung, aber eben mal ordentlich Krach machen kann man damit nicht. Ein geduldiges, ruhiges Kind hat sicherlich viel Freude am zarten Klang und der sanften Spielweise. Kinder, die einmal mit der Gitarre begonnen haben, bleiben ihr meist über viele Jahre hinweg treu.

Nachdem eine gute Grundlage im Unterricht gelegt ist, kann ein Gitarrenspieler zwischen unterschiedlichen Musikrichtungen wählen: Entweder bleibt er bei der klassischen Gitarre, oder aber er wendet sich der E-Gitarre zu. Alle E-Gitarristen, die ich kenne, betonen aber, dass die beste Grundlage für die Arbeit mit dem Rockinstrument eine klassische Ausbildung an der akustischen Gitarre ist. Viele Gitarristen spielen sowohl klassische Konzerte als auch Rockmusik. Diese Vielseitigkeit ist äußerst reizvoll!

Mandoline

Die Mandoline ist in Deutschland ein sehr selten gespieltes Instrument. Sie ist vor allem in Italien, Spanien und Lateinamerika weit verbreitet, wo sie aus der Volksmusik nicht wegzudenken ist. Langsam hat sie nun auch nördlich der Alpen in die Musikschulen und Hochschulen Einzug gehalten. In Süddeutschland gibt es mittlerweile auch zahlreiche Zupf- und sogar Mandolinenorchester.

Die Mandoline ist der Gitarre verwandt, hat jedoch weniger Saiten und ist kleiner. Ihre Metallsaiten sind sehr hart gespannt, man braucht Kraft, um sie zu spielen. Viele Mandolinisten unterrichten schon sechsjährige Kinder.

115

Harfe

Troubadix und seine keltische Harfe … wer kennt nicht dieses Bild vom schauderhaften Schrumm, Schrumm des »Meisters«!

Das andere Bild, das uns beim Thema Harfe in den Sinn kommt, ist eine fast engelhaft wirkende Frau mit Wallegewändern und seidenen Haaren, die mit unendlich schlanken Fingern ätherisch die Saiten ihres großen Instrumentes zum Klingen bringt.

Beides sind falsche Vorstellungen. Es klingt nicht nach Troubadix, wenn man die Harfe zupft, selbst wenn man Anfänger ist. Die Harfe ist gestimmt und bringt verlässliche Töne hervor, genau wie das Klavier.

Und man braucht auch keine zarte Hand mit endlos langen Fingern, denn die Zupferei ist anstrengend. Eine kräftige Hand mit kurzen starken Fingern eignet sich besser. Ein starker Rücken ist auch von Vorteil. Viele Lehrer beginnen schon mit sechsjährigen Kindern an kleinen irischen Harfen und gehen später zur Konzertharfe über.

Eine Besonderheit sollte nicht vergessen werden: Die Harfe ist ein selten gespieltes Instrument. Aber wenn ein Kind sein Interesse dafür bekundet, beginnt damit meist eine Liebe fürs ganze Leben. Ich habe selten eine entschiedenere Leidenschaft für ein Instrument kennen gelernt als die von Harfenspielern!

Blasinstrumente

Kein Blasinstrument (mit Ausnahme der Blockflöte) eignet sich für einen Einstieg in den Instrumentalunterricht mit sechs Jahren. *Klarinette* und *Saxophon* sind die ersten Blasinstrumente, die man ab etwa acht/neun Jahren spielen kann. Man muss sie allerdings halten können, und die »Puste« muss ausreichen! Das sollten die entsprechenden Fachlehrer testen. Sie sollten dem Fachlehrer bei dieser Gelegenheit auch mitteilen, ob Ihr Kind an Asthma leidet. Diese Krankheit ist kein Hinderungsgrund, im Gegenteil, das richtige Atmen beim Spielen der Blasinstrumentes kann sich sehr positiv auf den Verlauf der Krankheit auswirken. Der Lehrer sollte jedoch Bescheid wissen, dann kann er im Unterricht auf das Problem eingehen. Ein klassischer Unterricht ist auch hier anfangs empfehlenswert. Beide Instrumente haben breite Einsatzmöglichkeiten in Klassik, Jazz, Bigband, Klezmer und natürlich der Volksmusik. Jede dieser Musikrichtungen ist technisch anspruchsvoll und erfordert großes Können.

Dasselbe gilt für *Trompete, Posaune* und *Tuba*. Diese so genannten Blechblasinstrumente erfordern allerdings eine große physische Kraft. Auch das *Horn*, das üblicherweise aber nicht in der Jazzmusik eingesetzt wird, fällt unter diese Kategorie.

Mein neunjähriger Cousin wollte unbedingt *Trompete* spielen. Er trötete in das Instrument meines Vaters, und zu meinem großen Erstaunen kamen sehr schöne, volle Töne dabei heraus. Ich sah ihn mir genau an. Für sein Alter war er erstaunlich groß und kräftig gebaut. Er hatte einen großen Brustkorb und strahlte eine ungeheure Ruhe aus. Das alles passte sehr gut zur Trompete, und so begann er erfolgreich mit dem Unterricht. Aber nicht jedes Kind ist mit neun Jahren für ein Blechblasinstrument geeignet. Im Gegenteil! Hat ihr Kind ein Interesse für Horn, Trompete oder Tuba geäußert, ist es das Beste, mit einem Musiker, der das betreffende Instrument spielt, zu sprechen. Das muss nicht unbedingt der zuständige Musikschullehrer sein – auch Orchestermusiker verfügen über viel Erfahrung! In jeden Fall werden Sie wertvolle Hinweise und Ratschläge erhalten.

Mit der *Oboe* und dem *Fagott* sollte man sich erst im Alter von etwa zwölf Jahren beschäftigen. Die beiden Holzblasinstrumente erfordern Kraft, und besonders die Oboe übt einen ungeheuren Druck auf das Gehirn aus. Ihr Kind sollte das Instrument nur spielen, wenn es bei guter Gesundheit ist und seine Organe voll ausgereift sind!

Gesang

Zu guter Letzt kommen wir noch zu einem Instrument, das man nicht kaufen muss, da es jeder Mensch immer bei sich trägt: die eigene Stimme. An den Musikschulen fragen immer jüngere Mädchen nach Gesangsunterricht. Sie möchten mit zehn oder elf Jahren beginnen. Vielleicht haben sie den Traum, eine zweite Britney Spears oder Madonna zu werden, und üben nun fleißig dafür. Tanz, Theater und Gesang wird von einigen, auf diese Disziplinen spezialisierten Schulen als Vorbereitung auf eine spätere Bühnentätigkeit angeboten. Aber auch nach dem Konzertgesang in der klassischen Tradition wird oft gefragt. Diese Entwicklung freut mich sehr, denn das Singen ist die ursprünglichste Form des Musizierens. Musikalische Früherziehung und Kinderchor sind gute Gelegenheiten, um das Singen als eine positive Erfahrung kennen zu lernen. Ich erinnere mich nur an wenige Dinge aus meiner frühen Kindheit, aber ich sehe heute noch den Raum vor mir, in dem ich als Sechsjährige im Chor gesungen habe. Ich weiß noch genau, wie mir bei einem bestimmten Lied sprichwörtlich das Herz aufging.

Singen ist gut für die Seele, die Atmung und das Selbstbewusstsein. Eigentlich sollte jedes Kind singen (in einem Chor zusätzlich zum Instrumentalunterricht), denn jede Melodie, egal für welches Instrument geschrieben, orientiert sich am Gesang.

Auch in der Musiktherapie wird die menschliche Stimme mit großem Erfolg eingesetzt. Und hier möchte ich noch einmal betonen, was ich bereits eingangs gesagt habe: Jeder Mensch kann singen (lernen)! Wer den Gesang als Hauptinstrument wählt, sollte Folgendes wissen: Das »Instrument Stimme« ist abhängig von körperlichen und seelischen Gegebenheiten. Ist man erkältet, fällt das Singen schwer. Ist man schüchtern, traut man sich vielleicht nicht, frei zu singen usw. Die menschliche Stimme ist ein sehr empfindliches Instrument und muss sehr pfleglich behandelt werden! Wie das geht, lernt man während des Gesangsunterrichtes. Ich liebe es zu singen, aber bei jeder Erkältung bin ich froh, dass ich nicht Sängerin bin, sondern Pianistin. Dem Klavier ist eine Erkältung zum Glück völlig egal!

Welches Instrument in welchem Alter?

Mindesalter	Instrument	körperliche Beanspruchung
6. Lebensjahr	Blockflöte	keine
	Kinderchor	keine
6./7. Lebensjahr	Klavier	keine (aber kräftige Hände sind nicht von Nachteil)
	Geige	Rücken
	Cello	Hände
	Gitarre	Rücken
	Harfe	Hände
8./9. Lebensjahr	Klarinette	Herz
	Saxophon	Herz Lungen
10./11. Lebensjahr	Querflöte	Arme
	Schlagzeug	keine
	Trompete	Herz Lungen
	Posaune	Herz Lungen
	Horn	Herz Lungen
	Gesang	keine
12. Lebensjahr	Bratsche	Rücken
	Kontrabass	Hände
	Fagott	Herz Lungen
	Oboe	hohe Druckbelastung

Instrument kaufen oder mieten?

Eines habe ich bisher stillschweigend übergangen: die Frage, was die einzelnen Instrumente kosten.

Für den Anfang können Sie alle Instrumente zunächst einmal ausleihen, um zu testen, ob Ihr Sprössling auch wirklich am Ball bleibt. Normalerweise bietet jedes gute Fachgeschäfte einen solchen Service an. Auch einige größere Musikschulen besitzen Leihinstrumente. Sie sollten den Fachlehrer in jedem Fall danach fragen.

Wenn Sie sich zum Kauf eines Instruments entschließen, sollten Sie immer auch den Fachlehrer zu Rate ziehen und sich mit ihm in einem Musikaliengeschäft verabreden. Der Fachlehrer kann mehrere Instrumente anspielen und das richtige für ihr Kind empfehlen.

Wenn Sie ihm alle Fragen, Wünsche und Probleme im Zusammenhang mit dem Instrumentenkauf schildern, kann er Ihnen auch in Finanzierungsfragen beratend zur Seite stehen.

Die nachfolgend angegebenen Instrumentenpreise können je nach Hersteller und Händler stark variieren. Sie dienen nur zur Orientierung:

Instrument	Preis
Klavier (gebraucht)	gute Qualität ab 2200 €
Klavier (neu)	gute Qualität ab 3500 €
elektronisches Klavier	ab 1200 €
Schlagzeug	750 bis 1000 €
Akkordeon	ab 2300 € (Anfängerinstrumente sind billiger)
Geige /Bratsche	ab 400 € (Schülerinstrumente)
Cello	ab 1000 €
Kontrabass	ab 1500 €
Gitarre	ab 130 €
Mandoline	ab 200 €
Harfe	ab 8000 € (Anfängerinstrumente sind billiger, die »Keltische Harfe« kostet unter 1000 €)

Instrument	Preis
Blockflöte	ab 40 €
Querflöte	ab 400 €
Klarinette	ab 500 €
Oboe	ab 1100 €
Saxophon	ab 700 €
Waldhorn	ab 1600 €
Trompete	ab 400 €
Posaune	ab 500 €

Orff-Instrumente	Preis
Triangel	ab 15 €
Klangstäbe (Claves)	ca. 5-15 €
Regenstab	ab 20 €
Glockenspiel	ca. 30-50 €
Tamburin	ab 40 €
Bongo-Trommeln	ca. 40-50 €

Viele Musikgeschäfte und Instrumentenbauer bieten zu günstigen Konditionen auch Instrumente zum Mieten an (zeitlich begrenzt oder unbegrenzt). Die monatlichen Preise richten sich üblicherweise nach dem Wert des jeweiligen Instruments. So kann zum Beispiel eine Geige mit Bogen und Kasten im Wert von etwa 1000 € für 10 bis 20 € pro Monat gemietet werden. Beim späteren Kauf des Instruments wird ein Teil der bezahlten Miete in der Regel mit dem Kaufpreis verrechnet.

Der Lehrer: Pädagoge und Partner

Eine Mutter sagte einmal zu mir: »Ich möchte Ihnen danken, dass Sie meiner Tochter die Lockerheit und Leichtigkeit im Umgang mit dem Klavier wiedergegeben haben. Seit Anna bei Ihnen lernt, macht es ihr wieder Spaß, und sie übt sogar freiwillig.« Nun üben nicht immer alle Kinder freiwillig bei mir, im Gegenteil! Aber darauf komme ich später noch einmal zurück.

Annas Lehrer pflegte während des Unterrichts rauchend hinter ihr auf und ab zu gehen und die vorgetragenen Hausaufgaben wenig zweckdienlich zu kommentieren: »Okay, nehmen wir das nächste Stück.« Technische und musikalische Unterstützung erhielt sie überhaupt nicht.

Natürlich traten auf diese Weise schnell Probleme auf, die das arme Kind nicht lösen konnte. Anna verkrampfte sich und verlor verständlicherweise jegliche Lust am Klavierspielen. Ja, schlimmer noch: Sie gab alle Schuld an diesen Problemen sich selbst, nicht dem Lehrer! »Ich bin halt zu doof, um das zu können. Der Lehrer interessiert sich deshalb nicht für mich.« Ihr Fazit: »Musik ist wohl doch nicht mein Ding.«

Kinder geben leider immer zuerst sich selbst die Schuld an ihrem vermeintlichen Versagen. Und es gibt viel zu viele so genannte Lehrer, die sich nicht wirklich um ihre Schüler kümmern (selbstverständlich gilt das hier und im Folgenden Gesagte auch für Lehrerinnen).

Unser Beispiel des rauchenden und umherwandelnden Lehrers könnte einer Karikatur entsprungen sein. Doch leider trifft man diese Sonderlinge viel zu häufig auch im wirklichen Leben an, wo sie ihre Schrullen an den Kindern ausleben: Wenn sie nicht rauchen, essen sie wahlweise dem Kind im Unterricht etwas vor (das vielleicht auch Hunger hat, aber nicht einmal gefragt wird, ob es auch etwas möchte!), oder sie lesen Zeitung. Wieder andere führen lange Telefongespräche während des Unterrichts – ohne die vertane Zeit anzuhängen, wohlgemerkt! Der langen Rede kurzer Sinn: All diese Lehrer sind nicht richtig bei der Sache.

Mir tun alle Schüler Leid, die unter solchen Lehrern leiden. Mit ein wenig Glück (und wenn sie nicht entmutigt aufgegeben haben) geraten sie im zweiten Anlauf an einen liebevolleren Lehrer, der ordentlichen Unterricht erteilt. Dieser kann aber nicht einfach weitermachen und eben mal zeigen, wie es richtig geht. Nein, das arme Kind und der ebenso arme Lehrer brauchen lange, bis die alten falschen Gewohnheiten aus Geist, Seele und Körper des Kindes verschwunden sind. Das Spielen eines Instrumentes erfordert ein komplexes Zusammenspiel aller Sinne. Dies ist dem Schüler zunächst einmal nicht bewusst. Will man aber nun an den Spielgewohnheiten etwas ändern, steht im Hintergrund ein ganzes Bündel von Bewegungen, Gedanken, Gefühlen, die auch verändert werden müssen. Dies erreicht man nur durch ein häufiges, richtiges Wiederholen des erforderlichen körperlich-technischen und musikalischen Ablaufs.

Kurzum: Es erfordert ein Vielfaches an Aufwand, einen Fehler wieder loszuwerden als ihn einzuüben. Manches Kind wird ein Leben lang von solch eingeübten Fehlern verfolgt. Das schadet aber nicht nur seinem musikalischen Fortkommen, sondern auch seinem Selbstbewusstsein und seinem Seelenleben. Es fühlt sich als Versager. Obwohl es doch die Welt der Musik zunächst völlig unvoreingenommen und mit viel Enthusiasmus erobern wollte. Wenn Sie nun glauben, das komme nicht so häufig vor, muss ich Ihnen leider widersprechen. Es geschieht im Gegenteil viel zu oft, dass Kinder mit solchen Problemen in meine Beratungsstunden und in meinen Unterricht kommen. Ich hoffe, dass dieses Buch vielleicht ein wenig dazu beiträgt, dass so etwas künftig möglichst vielen Kindern erspart bleibt!

Nur nicht aufgeben!

Die neunjährige Milena kam zur Probestunde in den Geigenunterricht. Sie spielte seit drei Jahren, klagte über Rückenschmerzen und hätte am liebsten mit dem Geigen Schluss gemacht. Der Lehrer arbeitete mit Milena eine halbe Stunde. Sie spielte sehr schön, aber ihre Haltung war ein wenig falsch, und die Stücke, die sie spielte, waren angesichts der drei Jahre Unterricht, die sie schon genossen hatte, zu leicht. Der Geigenlehrer korrigierte die Haltung des Mädchens, so dass die Schmerzen verschwanden, und arbeitete mit ihr an Stücken, die sie herausforderten. Nach wenigen Wochen war Milena völlig schmerzfrei und kam strahlend zum Unterricht: »Geigen macht wieder Spaß! Ich spiele tolle Stücke!«

Was ist ein idealer Lehrer?

Es gibt keine Patentlösungen für die Unterrichtsgestaltung. Jeder Lehrer hat seine eigenen Methoden. In jedem Fall ist es aber wichtig, dem Schüler ganz klar zu vermitteln, was man von ihm erwartet. Man muss ihm als Lehrer einen Weg zeigen, wie er die gestellte Aufgabe bewältigen kann, und man muss genauso entschlossen sein, ihn auf diesem Weg auch zu begleiten. Der Lehrer sollte dabei immer wieder korrigierend eingreifen, bis das richtige Ergebnis erklingt. Allerdings muss dies unbedingt in einer warmherzigen und liebevollen Atmosphäre geschehen. Mit Druck oder einem unbarmherzigen »Noch mal!« erreicht man höchstens, dass der Schüler den Spaß an der Sache verliert. Alle Kinder finden es gut, wenn man sich ehrlich und humorvoll um sie bemüht. Manchmal mit Strenge, manchmal mit gutem Zureden aber niemals mit der Brechstange. Der Lehrer sollte dem Schüler signalisieren: »Ich mag Dich. Ich möchte mit Dir eine lustige Unterrichtsstunde verbringen.« Aber auch: »In dieser Stunde werden wir etwas erarbeiten und am Schluss ein Ergebnis vorweisen können! Punkt!«

Dieses Bemühen des Lehrers wird beim Schüler immer auf Sympathie stoßen, auch wenn gerade mal die Lust zum Üben fehlt. Die Haltung der Eltern dem Lehrer gegenüber wird dann ebenfalls von Wohlwollen geprägt sein. Denn sie wissen:»Er beherrscht seinen Beruf, und er kümmert sich ordentlich um unser Kind.«

Zugegeben, es ist nicht immer leicht, mit Kindern zu arbeiten, die oft unkonzentriert oder sogar unwillig sind. Manchmal scheinen die beste Unterrichtsmethode und die ganze Energie, die man in die Kinder investiert, nicht zu fruchten. Gestern war so ein Tag. Alle meine Kinder hatten vorher offensichtlich Zappelwasser getrunken. Keines wollte sich richtig konzentrieren. Ich überlegte, ob dies mit dem plötzlichen Wetterumschwung zu tun haben könnte. Es war warm und schwül. Außerdem war der Klavierunterricht in der vergangenen Woche ausgefallen, da ich mit einer Grippe das Bett gehütet hatte. Unplanmäßiger Unterrichtsausfall stört den Unterrichtsrhythmus empfindlich. In den Ferien weiß jeder:»Jetzt ist Pause angesagt.« Das ist in Ordnung. Aber während der Schulzeit ist es wichtig, dass der Unterricht möglichst kontinuierlich stattfindet. Aus diesem Grund hole ich ausgefallene Stunden immer nach, egal, ob ich den Ausfall verursacht habe oder der Schüler. Ich richte mich nicht ausschließlich nach der Anzahl meiner vertraglich geregelten Unterrichtsstunden, sondern achte auf ein zielgerichtetes und schwungvolles Arbeiten. Meine Schüler nehmen deshalb auch regelmäßig an Schülerkonzerten teil, auf die sie sich vorbereiten. (Es gibt auch Kinder, die ausschließlich durch einen Konzerttermin zum Üben animiert werden können. Die Angst vor einer drohenden Blamage ist dann stärker als ihre Faulheit. Diese»Saisonarbeiter« melde ich sehr häufig zu Konzerten an.)

Aber zurück zu gestern. Der unbestrittene Champion unter den Zappelphilippen war Lasse. Er hämmerte sein Stück ohne Punkt und Komma in die Tasten, als wollte er »Tasten versenken« spielen. Da es nicht richtig klappte, knurrte er immer wieder:»Idiot!« Er meinte dabei nicht etwa mich, sondern sich selbst … Ich konnte keinen Kommentar landen, er war nicht zu bremsen und hörte einfach nicht zu. Die Melodie stimmte nicht, und einen richtigen

Rhythmus konnte ich auch mit dem größten Wohlwollen nicht erkennen. Kurz gesagt: Es war ein Chaos. Ich dachte an meine These, dass jede Unterrichtsstunde ein Ergebnis haben muss, machte mir auf diese Weise Mut und griff das Problem beim Schopf.

Zunächst brachte ich den jungen Mann dazu, mir zuzuhören:

- »Ich möchte, dass Du jetzt zuhörst, wie das Stück zu klingen hat.«
- »Ich möchte, dass Du genau den Klang nachspielst, den Du von mir hörst.«
- »Ich möchte, dass Du mit mir diesen Rhythmus klatschst, bevor Du ihn spielst.«

Fällt Ihnen etwas auf? Jeder Satz begann mit den Worten: »Ich möchte, dass …« Erst mit dieser absolut klaren und eindeutigen Ansprache konnte ich die Aufmerksamkeit des Jungen gewinnen.

Anschließend steckte ich viel Energie in die Lösung des Rhythmusproblems. Wir klatschten so intensiv und so lange, bis uns die Hände wehtaten und Lasse körperlich begriffen hatte, wie die Sache funktioniert.

Mit derselben Ausdauer und Konzentration spielten wir den Rhythmus danach am Klavier. Mir kam es vor, als sei diese Stunde eine Lektion in Sachen Kampfsport. Und ich war wild entschlossen, zu gewinnen. Immer wieder spielte, klatschte und zählte ich ihm den Rhythmus vor. Und siehe da: Plötzlich klang das Stück richtig. Der Junge entspannte sich und konnte sich nun auch selbst zuhören. Freundliche Töne kamen aus dem Klavier, der Rhythmus stimmte, und Lasse hörte endlich auf, sich selbst zu beschimpfen.

Zum Schluss lobte ich ihn ausgiebig für sein schönes Spiel. Und wir beschlossen, gleich am nächsten Tag die in der vergangenen Woche ausgefallene Stunde nachzuholen, um dieses Niveau zu halten.

Sie sehen: Wenn ein Lehrer sich wirklich für den Schüler interessiert, wenn er am Ball bleibt und sich bemüht, ihm etwas beizubringen, gelingt dies normalerweise auch. Unabhängig von den äußeren Umständen, die manchmal wirklich ungünstig sein können.

Kürzlich traf ich eine frühere Schülerin unserer Schule. Sie hatte den Lehrer wechseln müssen, weil sie umgezogen war. Ich erkundigte mich nach ihrem Klavierspiel. »Ganz gut«, meinte sie, »aber ich hätte lieber wieder bei meinem alten Lehrer Unterricht. Der Lehrer, den ich jetzt habe, ist ganz nett, aber er sagt irgendwie nie etwas.« Was heißen sollte, dass er das Kind nicht voranbrachte. Auch diese freundliche Art bewirkt Schlimmes bei den Kindern. Dieser Lehrer saß zwar im Unterricht neben dem Klavier, er rauchte nicht und las auch keine Zeitung, aber er korrigierte das Spiel des Mädchens auch nicht. So etwas führt sofort zu Handhaltungsfehlern, also technischen Problemen. Der Lehrer muss aber ständig auf die richtige Haltung und Spielweise achten, besonders bei Anfängern, sonst wird das Instrument nicht richtig erlernt. Der Schüler beherrscht seine Stücke außerdem nie wirklich gut, wenn ein Lehrer nicht ordentlich mit ihm daran arbeitet. Auch hier denken die Kinder schnell: »Der Lehrer interessiert sich nicht für mich. Ich bin wohl nicht begabt.« Meist denken die Kinder allerdings noch viel direkter: »Er mag mich sicherlich nicht.« Das finde ich am allerschlimmsten!

Doch nicht nur zu wenig Engagement, auch Übereifer kann Schaden anrichten. Immer noch gibt es Lehrer, die ihre kleinen Schüler wie Musikstudenten behandeln. Gerade junge, engagierte Lehrer machen genau diesen Fehler. Sie wollen es ganz besonders gut machen und die Schüler bestmöglich unterrichten.

Falls Ihr Kind einen solchen Lehrer hat, sollten Sie das Gespräch mit ihm suchen. Die Anerkennung seiner ehrlichen Bemühungen ist wichtig, aber Sie können ihm auch freundlich erklären, dass Ihr Kind die Lust am Musizieren verlieren könnte, wenn der Erwartungsdruck zu groß wird.

Eine gute Gelegenheit, die Qualität von Musiklehrern zu beurteilen, bieten die Schülerkonzerte der Musikschulen. Beobachten Sie einmal, wie die Lehrkräfte mit ihren Schülern umgehen und wie die allgemeine Atmosphäre der Schule ist:

● Sind die Kinder gut vorbereitet?

● Gehen sie relativ ruhig und geordnet auf die Bühne, oder wirken sie hilflos und ängstlich?

● Wie kümmern sich die Lehrer um die Vorbereitung? Stimmen sie die Instrument, prüfen sie die Höhe des Klavierhockers?

● Wie kommunizieren sie mit ihren Schülern?

Anhand solcher Kleinigkeiten kann man viel über die Lehrer und die Schule erfahren. Wenn die Schüler einigermaßen sicher spielen, und die Lehrer einen liebevollen Umgang im Konzert mit ihnen pflegen, können Sie daraus schließen, dass auch der Unterricht entsprechend verläuft.

Ein guter Lehrer ist kompetent und freundlich, er versteht sein Handwerk, engagiert sich im Unterricht, zeigt ein liebevolles Interesse an seinen Schülern und vor allem: Er fordert seine Schüler. Dadurch erzieht er sie zu einer Haltung der Musik und dem Instrument gegenüber, die man wie folgt umschreiben könnte:

● Erst, wenn ich etwas kann, macht die Sache auch Spaß.

● Ohne ein kontinuierliches Bemühen meinerseits bleibt der Erfolg aus, und ich werde nie erleben, dass Musizieren eine schöne Sache ist.

● Ich bekomme nicht alles immer sofort und ohne Aufwand.

Wer all dies nicht beherrscht, sollte besser nicht mit Kindern arbeiten. Die merken nämlich ganz genau, ob man sich ernsthaft um sie bemüht.

Unterricht mit kleinen Kindern

Kleine Kinder lernen vor allem durch Nachahmung. Deshalb redet ein erfahrener Lehrer nicht viel im Unterricht, sondern er agiert: Er spielt vor, zeigt den Kindern, was sie machen sollen, aber er fordert keine intellektuellen Leistungen von ihnen.

So kann er mit den Kleinen ziemlich viel erreichen, denn meist stehen sie dem Unterricht neugierig und aufgeschlossen gegenüber, sie wollen etwas lernen und müssen nicht mit Samthandschuhen angefasst werden. Wichtig ist nur, dass der Lehrer weiß, wie er die Kinder erreicht. Die Übungen und Lieder sollten am Anfang leicht und kurz sein, der Lehrer sollte immer auf eine gute Handhaltung am Instrument achten. Besonders bei meinen kleinen Schülern gestalte ich den Unterricht spielerisch. Ich signalisiere ihnen: »Hier wird gearbeitet« und »Das Lernen macht Spaß«. Aber innerhalb dieses Rahmens arbeite ich sehr häufig mit Symbolen und Bildern.

Wenn ich die Handhaltung korrigiere, erkläre ich beispielsweise nicht: »Drück doch nicht so fest mit dem Finger auf die Taste. Der Ton klingt gepresst.« Sondern ich ahme die Stimme des Dicken Willi aus der Biene Maja nach. Die klingt nämlich genau so, wie das Kind spielt. Das lacht natürlich über meine Nachahmung und versucht seine Fingerhaltung zu korrigieren. Der dicke Willi wird ihm auch zu Hause noch im Ohr klingen, so dass es während der Woche hoffentlich nicht vergisst, auf seine Handhaltung zu achten.

Oft male ich den Kindern auch einen Papagei mit einer Sprechblase in ihr Aufgabenheft: »Finger rund, Finger rund …!« Und dabei krächze ich wie ein Papagei …

Manchmal setze ich die gestrenge Miene der steifen Frau Rottenmeier (aus dem Kinderbuch *Heidi*) auf und karikiere so die Darbietung des Schülers, der mir sein Stück etwas zu angespannt vorgespielt hat. Der muss dann lachen und weiß ohne große Worte, was ich meine.

Viele Lehrer, die ich kenne, arbeiten mit ähnlichen Mitteln. Einmal habe ich im Unterricht einer Cellistin verfolgt, wie sie ihre achtjährige Schülerin ermahnte, doch saubere Töne zu spielen (ein besonderes Problem aller Streichinstrumente). Das Mädchen spielte sein Stück, und plötzlich platzte die Lehrerin mitten hinein in die Darbietung: »Hey, ab mit euch in den Cello-Schweinestall!« Dabei spielte sie schwungvoll gerade die falschen Töne so penetrant nach, als sollten sie in den »Cello-Schweinestall« gescheucht werden. Die Schülerin war so verblüfft, dass sie ihr Spiel unterbrach. Auch sie fand den Vergleich lustig und spielte das Stück danach tunlichst richtig. Ich musste beim Zuhören so furchtbar lachen, dass ich mir einen tadelnden Blick der Schülerin einhandelte!

Der Lehrer als Mentor

Bei pubertierenden Jugendlichen kann es durchaus vorkommen, dass im Unterricht mehr geredet als gespielt wird. Das sollte zwar nicht die Regel sein, aber die Jugendlichen sehen in ihrem Lehrer einen Gesprächspartner und in der gespielten Musik Stoff für heftige Diskussionen. Ein einfühlsamer Lehrer kümmert sich in dieser Phase auch menschlich um seine Schüler, denn Jugendliche suchen und brauchen erwachsene Vorbilder außerhalb der Familie. Der Lehrer kann nun leicht zum Vertrauten und sogar zum Freund werden.

Auch mein Lehrer spielte in dieser Zeit eine wesentliche Rolle. Er war eine Art zweiter Vater, ein Gegenentwurf zu meinen Eltern. Mit ihm konnte ich geistige, musikalische und allgemeine Dinge besprechen. Noch heute bin ich ihm dafür dankbar, dass er mich sowohl am Klavier als auch menschlich durch die Pubertät begleitet hat. Er hat viel mehr getan, als mir nur Klavierunterricht zu geben. Er schleppte mich in Konzerte, die er spielte und dirigierte. Ich lernte durch ihn die moderne Musik schätzen, da er viele Stücke zur Uraufführung brachte. Seine Familie nahm mich auf wie ein eigenes Kind. Er und seine Frau bemühten sich sehr, meinen Bildungshorizont zu erweitern und diskutierten häufig mit mir.

Diese Erfahrung durfte ich bei allen meinen Lehrern machen, und ich bin ihnen dafür unendlich dankbar. Alle diese Lehrer sind berühmte Künstler, die eigentlich wenig Zeit hatten. Ständig waren sie auf Konzertreise oder lehrten an der Hochschule. Ihre menschliche Wärme und ihr Verantwortungsbewusstsein waren aber mindestens so umfassend wie Ihre künstlerischen Fähigkeiten!

Dies zeigt, wie sehr die Kunst auch menschlich bildet. Ich bemühe mich, meinen Schülern diese ethischen Werte weiterzugeben, sie nicht nur als Musikschüler zu sehen. Die Gesamtentwicklung des Kindes liegt mir am Herzen. Und die wird durch das Musizieren in hohem Maße beeinflusst.

In der Musik erkennen wir uns selbst

Ich finde es ungemein spannend, welch enorme Wirkung Musik auf Menschen ausüben kann. Wenn ein Schüler ein Musikstück spielt, entscheidet oft der Charakter des Stückes, wie intensiv er daran übt. Pubertierende junge Damen können stundenlang Schnulzen von Madonna oder aus dem Phantom der Oper üben. Ein zehnjähriger Junge, der sich austoben möchte, wird ein rhythmusbetontes Stück (zum Beispiel *Studie für die linke Hand* von Béla Bartók) mit Begeisterung in die Tasten hämmern. Lässt man Kinder und Jugendliche dagegen ein Stück üben, das ihrer momentanen Seelenlage nicht entspricht, kostet es viel Mühe, ihnen das Stück nahe zu bringen. Aber das Repertoire kann sich ja nicht nur an der augenblicklichen Seelenlage orientieren. Vor einiger Zeit gab ich einem siebzehnjährigen Schüler eine Beethoven-Sonate, mit der er nichts anzufangen wusste. Lustlos klimperte er sie mir vor. Gemeinsam versuchten wir, die Botschaft hinter den Noten zu ergründen. Streit, Hoffnung, Drängen, Wut, Bitten – alles kam darin vor, eine große Palette menschlicher Gefühle, die sich prima zu einer konfliktreichen Geschichte mit Happyend verdichten ließen. Die verschiedenen musikalischen Abläufe fügten sich langsam zu einem sinnvollem Ganzen, denn die von mir entwickelte Geschichte passte genau zu den Gedanken, die meinen Schüler gerade beschäftigten. Sie handelte vom Streit zweier Liebender, von ihren Auseinandersetzungen und der Versöhnung nach langer Diskussion. So hatte er das Stück noch nicht gesehen! Tatsächlich konnte er mit dieser zugegebenermaßen etwas mutwilligen Interpretation etwas anfangen. Das Stück begann zu ihm zu sprechen. In der folgenden Woche übte er es tatsächlich mit wachsendem Verständnis und präsentierte mir eine deutlich bessere Version.

Musik spricht zu uns - bewusst und unbewusst. Sie formt unsere Persönlichkeit. In der Musik erkennen wir uns selbst. Entweder intensivieren wir unsere momentane Gefühlslage, indem wir die dazu passende Musik hören, oder wir suchen den Widerhall der Musik, die wir gerade hören, in uns.

Lehrerwechsel

Dirk und Thomas waren frustriert. Beide spielten seit zwei Jahren Geige an einer Musikschule und hatten nun schon den dritten Lehrer. »Ständig müssen wir uns umstellen. Das nervt.« Die beiden Jungen hatten keine Lust mehr. Zurecht! Es ist anstrengend und kontraproduktiv, sich alle sechs Monate auf einen neuen Lehrer einstellen zu müssen. »Da hat man gerade mal Zeit, sich an einen zu gewöhnen, dann kommt schon der nächste und behauptet, alles, was man gelernt hat, ist falsch«, meinte Dirk.

Jeder Lehrer bringt seine eigene Technik und Persönlichkeit in den Unterricht ein. Das bedeutet oft, dass sich der Schüler nicht nur menschlich, sondern auch musikalisch und technisch mit einer völlig anderen Unterrichtsweise konfrontiert sieht, als er es gewohnt ist. Das kann anregend und durchaus fruchtbar für ihn sein, aber nur, wenn es nicht zu häufig geschieht. Solange es keinen zwingenden Grund gibt, sollte ein Schüler deshalb mindestens zwei Jahre bei derselben Lehrkraft bleiben.

Zwingende Gründe für einen Wechsel sind gegeben, wenn …

- … das Kind die Lehrkraft nicht mag,
- … keinerlei Fortschritte zu sehen sind,
- … der Unterricht zu häufig ausfällt,
- … das Kind Schmerzen beim Spielen hat,
- … die Lehrkraft nicht auf die Bedürfnisse des Kindes eingeht.

Von Zeit zu Zeit ist aber durchaus ein »Partnerwechsel« angesagt. Ich hatte ungefähr alle vier Jahre einen neuen Lehrer. In diesem Zeitraum konnte ich viel lernen, der Lehrer hatte Gelegenheit und Zeit, meine Entwicklung über einen längeren Zeitraum hinweg zu begleiten. Zwei Gründe sprechen selbst bei einem guten Lehrer-Schüler-Verhältnis und messbaren Fortschritten für einen Wechsel nach einigen Jahren:

- Die eingespielte Routine zwischen Lehrer und Schüler kann zu Verschleißerscheinungen führen. Frischer Wind hingegen stärkt die Motivation des Schülers. Auch sollte er die Chance haben, verschiedene musikalische Sichtweisen kennen zu lernen. So kann er einen selbstständigen Zugang zur Musik entwickeln. Denn irgendwann will er ja sicher ohne Lehrer musizieren.

● Nicht jeder Lehrer ist für jede Altersstufe oder jede Problemstellung umfassend geeignet. Manche Lehrer arbeiten phantastisch mit kleinen Kindern, wieder andere können gut mit pubertierenden Jugendlichen umgehen. Ich kenne auch viele Lehrer, die beides können. Aber ein guter Lehrer weiß, wann er einen Schüler abgeben sollte.

Clara hatte einen hervorragenden Musiker als Lehrer. Er gab ihr wundervolle Stunden, und sie liebte ihn sehr. Aber ihr Lehrer sagte den Unterricht oft kurzfristig ab. Manchmal wurden die Stunden nachgeholt, allerdings immer zu unterschiedlichen Zeiten. So konnte sich keine Routine einstellen. Fehlte Clara hingegen, ohne sich 24 Stunden zuvor abgemeldet zu haben, wurde nicht nachgeholt, denn so stand es im Unterrichtsvertrag. Die Folge davon war, dass Clara, trotz des tollen Unterrichtes, nicht recht vorankam. Ihre Enttäuschung wuchs. Schweren Herzens beschlossen die Eltern, den Lehrer zu wechseln. Die neue Lehrerin war von Claras Können begeistert. Das Kind machte nun in einem regelmäßigen, engagierten Unterricht große Fortschritte. Aber traurig war sie trotzdem, dass sie ihren alten Lehrer verlassen musste.

Das führt uns zu einem weiteren Problem. Clara war zwar bei der neuen Lehrkraft wirklich besser aufgehoben, aber Kinder hängen im Allgemeinen an ihrem Lehrer, sie sind auf ihn und seine Unterrichtsweise eingestellt. Bei einem Lehrerwechsel ist deshalb die Trauer groß. Denn Kinder sind meist treue Seelen! Ein häufiger Lehrerwechsel ist somit schon aus menschlichen Gründen nicht ratsam.

Lehrer und Eltern – ein eingespieltes Team

Man muss nicht jede Unterrichtsstunde mit Argusaugen überwachen und mit diesem Buch in der Hand Musiklehrer auf ihre Tauglichkeit prüfen. Es schadet aber nicht, ab und zu im Unterricht zuzuhören. Niemand darf erwarten, dass ein Lehrer aus jedem Kind sofort ein reibungslos funktionierendes Musikgenie macht. Im Gegenteil: Die Eigenleistung (sprich: üben und eine höflich-aufmerksame Mitarbeit im Unterricht) des Schülers ist ebenso wichtig (siehe Seite144).

Generell sollten Lehrer und Eltern an einem Strang ziehen und sich in folgenden Punkten einig sein:

● Wie viel und auf welche Art und Weise soll das Kind zu Hause üben? (Die Vorstellungen des Lehrers müssen mit denen der Eltern abgesprochen werden.)

● Soll der Lehrer das Kind ordentlich fordern oder den Unterricht etwas lockerer angehen (zum Beispiel wenn das Kind schon durch Sport oder Schule sehr eingespannt ist)?

● Wie verhalten sich Lehrer und Eltern während einer »Durststrecke«, zum Beispiel in der Pubertät?

Ist die Lehrkraft wirklich liebevoll und versucht einen engagierten Unterricht zu gestalten, sollten die Eltern diese Bemühungen unterstützen und dies auch zeigen. Ein guter Lehrer ist schnell bereit, mehr zu geben als er muss. Dies sollte honoriert, nicht jedoch ausgenutzt werden.

Unsere Tochter hat eine strenge, energische und gleichzeitig liebevolle Lehrerin, die sich hingebungsvoll um das Fortkommen ihrer Schüler kümmert. Oft bestellt sie Natalie zu einer Extrastunde. Ich biete ihr grundsätzlich die Vergütung dieser zusätzlichen Arbeit an, was sie ebenso grundsätzlich ablehnt. Deshalb schenke ich ihr jedes Mal einen Blumenstrauß oder eine andere kleine Aufmerksamkeit. Fällt einmal eine reguläre Stunde aus, frage ich auch nicht, wann sie nachgeholt werden könnte, denn die Lehrerin gibt Natalie ohnehin häufiger Unterricht als sie müsste. Wir haben auf diese Weise ein gutes Verhältnis zueinander aufgebaut. Es ist wichtig, den Lehrer spüren zu lassen, dass man seinen Enthusiasmus aufmerksam registriert und ihn nicht als selbstverständlich hinnimmt. Denn auch hier gilt: Der Ton macht die Musik!

Verschiedene Unterrichtsformen

Eltern, die sich entschlossen haben, ihrem Kind das Erlernen eines Musikinstrumentes zu ermöglichen, wissen oft nicht genau, welche Art von Unterricht für ihr Kind am besten geeignet ist.

Und wenn sie schon einige Schulen besucht haben, sorgt die verwirrende Fülle von Unterrichtskonzepten für zusätzliche Unsicherheit:

- Sollen wir unser Kind zum Gruppen-Unterricht anmelden (2-6 Kinder werden zur gleichen Zeit an einem Instrument unterrichtet)?

- Ist ein individueller, so genannter Einzelunterricht besser?

- Sollte der Unterricht nur Spaß machen oder einen leistungsorientierten und erzieherischen Anspruch vertreten?

Wir wissen mittlerweile, welche Bedeutung guter Unterricht und ein passender Lehrer für die musikalische Entwicklung der Kinder haben. Und wir haben gelernt, dass jedes Kind eine eigene Persönlichkeit ist. Vor diesem Hintergrund ist es nicht einfach, eine allgemeingültige Aussage über angemessene Unterrichtsformen zu machen. Die folgenden Kriterien können als Richtschnur für Ihre Entscheidung dienen.

Individuelle Förderung kontra Gruppenzwang

Die zwölfjährige Dorothee hatte einige Monate Keyboardunterricht erhalten. Zusammen mit fünf weiteren Kindern wurde sie einmal pro Woche 60 Minuten lang unterrichtet.

»Das war eigentlich ganz schön«, erklärte sie. »Aber irgendwann wurde es mir langweilig. Immer musste ich auf die anderen warten, und wir haben so leichte Stückchen gespielt.«

Der Lernstoff in einer Gruppe sollte allen Ansprüchen gerecht werden, die Lehrkraft muss die individuelle Entwicklung eines Schülers fördern und gleichzeitig auf die Gruppe eingehen können. Hierbei treten häufig zwei Probleme auf:

1. Es kann passieren, dass die Lehrkraft keine Zeit hat, die Kinder richtig zu korrigieren. Doch gerade der Anfangsunterricht erfordert eine ständige Kontrolle der Fingerhaltung, sonst schleichen sich Unsauberkeiten ein, die nur mit viel Aufwand wieder abgestellt werden können.

2. Ein Kind kann sich schnell unterfordert fühlen, wenn es schneller vorankommt als die anderen (umgekehrt kann es sich überfordert fühlen, wenn das Lerntempo zu hoch ist).

Auf Dorothee trifft Punkt 2 zu. In meiner Beratung zeigte sie sich manuell sehr geschickt. Außerdem war sie wissbegierig, ihr wacher Verstand saugte alles auf, was ich ihr zu bieten hatte. Sie diskutierte mit mir. Sie lernte schnell und wollte genau wissen, was sie machen sollte.

Ich schlug vor, dass sie ab jetzt Einzelunterricht erhalten sollte. Warum? Dorothee brauchte einen intensiven Unterricht, der auf ihre Bedürfnisse einging. Sie lernte schnell und brauchte auch einen regen verbalen Austausch mit dem Lehrer.

Im Einzelunterricht konnte die Lehrkraft darauf eingehen. Die Folge: Dorothee langweilte sich nicht mehr und machte gute Fortschritte.

Der Gruppenunterricht beruht auf einem an sich guten Konzept. Die Kinder lernen aufeinander zu hören, sie spielen allein und im Ensemble. Die Freude am gemeinsamen Musizieren soll gefördert werden. Rücksichtnahme und Toleranz sind wichtige soziale Aspekte, die im Gruppenunterricht geübt werden können.

Allerdings muss die Lehrkraft dieser Form des Unterrichtes auch gewachsen sein! Wenn fünf von sechs Kindern untätig herumsitzen, während eines spielt, langweilen sie sich schnell. Wenn dagegen immer alle gleichzeitig spielen und der Lehrer nicht korrigierend auf den Einzelnen eingehen kann, lernen die Kinder auch nichts.

In einem guten Gruppenunterricht halten sich individuelle Förderung und Zusammenspiel die Balance. Das ist allerdings schon in kleineren Gruppen ausgesprochen schwierig. An vielen Schulen wird Unterricht in Zweiergruppen angeboten. Der Lehrer kann sich hier schon individuell um jedes Kind kümmern. Aber es kann schnell passieren, dass eines schneller lernt als das andere. Es möchte dann mit einem anderen Kind oder im Einzelunterricht weiterarbeiten. Für das langsamere Kind muss nun ein neuer Partner gesucht werden. Doch das ist mühsam und zeitraubend.

Viele Lehrer sind trotzdem vom Unterricht in Zweiergruppen überzeugt, da hier neben der musikalischen Förderung auch erzieherische Aspekte, wie Rücksichtnahme und Kooperationsfähigkeit, sehr gut zum Tragen kommen. Wenn die Kinder zusammenpassen und der Lehrer dieses Konzept beherrscht, werden alle Beteiligten davon profitieren.

Vor allem im Unterricht mit Melodie-Instrumenten ist es schön, wenn man seine Stücke nicht immer allein spielen muss, sondern einen Partner hat. Das hilft den Kindern, den musikalischen Sinn des Gelernten schneller zu erfassen.

Diese Rolle kann allerdings auch der Lehrer selbst übernehmen. Kürzlich sagte ein Geiger zu mir: »Ich begleite meine Schüler am Klavier oder mit meiner Geige. Das hilft ihnen sehr, sauber und rhythmisch zu spielen.« Auch die Bläser begleiten ihre Schüler entweder mit ihrem eigenen Instrument oder am Klavier. Viele Anfängerschulen (auch an Klavier und Gitarre) beinhalten eine Begleitstimme für den Lehrer.

Die Mischung macht's

Gemeinsames Musizieren ist wichtig. Es macht Spaß, motiviert und schult die Fähigkeit, einander zuzuhören und aufeinander einzugehen.

Ein Beispiel: Susan und Philine sind Freundinnen. Beide haben Einzelunterricht. Susan ist Schülerin in meiner Musikschule, Philine nimmt Privatunterricht. Philines Lehrerin ist sehr engagiert. Sie veranstaltet Schülerkonzerte mit ihrer Klavierklasse und sie bemüht sich um Zusammenarbeit mit Lehrkräften anderer Fächer. So machte sie den Vorschlag, dass die beiden Mädchen ein Klavierduo für das nächste Konzert einstudieren sollten.

In den folgenden Wochen besuchten die beiden gemeinsam den Unterricht, abwechselnd bei mir und bei Philines Lehrerin. Die Mädchen profitierten von den unterschiedlichen Sichtweisen der Lehrerinnen. Sie führten ihr Duo sowohl im Schülerkonzert der Privatlehrerin als auch in meiner Musikschule auf. Das Projekt hat uns allen so gut gefallen, dass wir es seitdem fortsetzen. Mindestens einmal im Jahr bereiten die Mädchen ein Stück zusammen vor, in den anderen Konzerten spielen sie allein.

Diese Arbeitsweise motiviert sie sehr. Sie haben das Musizieren in ihre Freundschaft integriert, da sie oft gemeinsam üben. Sie spornen sich gegenseitig an und spielen oft freiwillig Stücke, für die sie tüchtig üben müssen.

Ein anderes Beispiel: Svea hatte seit einiger Zeit etwas lustlos vor sich hin geübt und brav, aber ohne große Motivation die Klavierstunde besucht. Aufgrund einer Fahrgemeinschaft kam sie seit neuestem mit ihrer Freundin Corinna gemeinsam zum Unterricht. Die Mädchen mussten aufeinander warten und beschlossen, sich gegenseitig zuzuhören.

Die ehrgeizige und temperamentvolle Corinna war auf dem Klavier schon etwas weiter als ihre Freundin. Der Unterricht mit ihr gestaltete sich sehr interessant. Sveas Ehrgeiz wurde dadurch angestachelt: Erstens übte sie fortan fleißiger, denn sie wollte genau so gut sein wie ihre Freundin, und zweitens lernte sie, dass der Unterricht wesentlich lustiger sein kann, wenn man etwas weniger cool und gelangweilt an die Sache herangeht.

In den folgenden Wochen machte sie in ihrer pianistischen Entwicklung einen großen Schritt nach vorn. Auch Corinna profitierte von dem Austausch. Ihr Selbstbewusstsein wuchs enorm! Für das nächste Konzert studierten die Mädchen ein Duo ein. Sie haben weiterhin regulär Einzelunterricht, aber ab und zu proben sie projektbezogen gemeinsam. Diese Kombination von Einzelunterricht und Ensemblearbeit halte ich für ideal und praktiziere sie seit langem.

Dieses Prinzip wenden alle Lehrkräfte meiner Schule mit sehr gutem Erfolg an. Jedes Kind wird im Einzelunterricht seinen Bedürfnissen gemäß gefördert, und die sozialen Aspekte werden in der Arbeit an konkreten Projekten berücksichtigt. Die Kinder lernen auf diese Weise sehr schnell.

Schülerkonzerte bieten Abwechslung und Ansporn

Da unsere Schule viele Schülerkonzerte veranstaltet, bieten sich für die Kinder sehr häufig Gelegenheiten, neben ihren solistischen Auftritten auch im Ensemble zu spielen.

Manchmal bringe ich mit ihnen auch eine Kinderoper zur Aufführung. Dort übernimmt jedes Kind die Aufgabe, die ihm am meisten zusagt. Die einen komponieren, die anderen schreiben Texte, wieder andere malen Kulissen. Auch ein Kinderregisseur wird immer gebraucht. Diese Produktionen bringen sehr viel frischen Wind in den alltäglichen Unterrichtstrott! Die Kinder lernen, wofür sie eigentlich üben und wie sie sich mit Hilfe der Kunst vielfältig ausdrücken können. Und sie können ihre kreativen Vorlieben einbringen: Tanzen, Malen, Schreiben, sogar Komponieren!

Auf diese Weise bekommt die tägliche, einsame Routine des Übens einen Sinn. Die Talente jedes Einzelnen werden gebraucht, um eine gemeinsame künstlerische Arbeit auf die Beine zu stellen.

Wenn ein Kind Privatunterricht erhält, ist es natürlich schwerer, das gemeinsame Musizieren zu fördern. Wie im oben genannten Beispiel kann die Lehrkraft Kontakt zu anderen Musikern suchen und gemeinsam mit deren Schülern Konzerte veranstalten.

Der Spaßfaktor

Um es hier noch einmal deutlich zu sagen: Unabhängig davon, ob Ihr Kind Einzelunterricht oder Gruppenunterricht erhält, wichtig ist, dass es dabei etwas lernt.

Jedes Kind verliert die Freude am Tun, wenn es das Gefühl hat, nichts zu können und nicht recht vorwärts zu kommen. Ich habe die Erfahrung gemacht, dass jedes Kind musizieren kann, wenn es individuell gefördert wird! Aber dafür muss auch etwas getan werden. Sonst stellt sich der Spaß nur sehr bedingt ein!

Der Erziehungfaktor

Guter Musikunterricht berücksichtigt immer auch allgemeine Erziehungsfragen. Während ein Kind ein Musikstück lernt, muss es sich konzentrieren und Ausdauer entwickeln. Es lernt, nicht gleich enttäuscht aufzugeben. Mit wachsender Leistungsfähigkeit stellt es fest, dass es sich lohnt, Mühe in eine Sache zu investieren. Im Zusammenspiel mit anderen Kindern werden Rücksichtnahme und Teamfähigkeit geübt. Die Kinder lernen, dass sie sich positiv unterstützen müssen, um eine Musikstück gemeinsam zum Klingen zu bringen. Sie haben im Allgemeinen sehr viel Freude daran, etwas zu können und gemeinsam an einem Projekt zu arbeiten. Sie wollen, nach meiner Erfahrung, ihre Sache gut machen und sind mit Feuereifer bereit, so lange zu üben und zu proben bis alles klappt. Sie lernen dabei, dass der bequemste Weg nicht unbedingt immer auch der beste ist. Viel aufregender und spannender ist eine Unterrichtsstunde oder eine Aufführung, wenn man engagiert bei der Sache ist. Denn die künstlerische, kreative Betätigung beim Musizieren macht die Kinder glücklich. Damit aber diese Kreativität überhaupt zum Ausdruck kommen kann, ist ein stetiges Bemühen notwendig (siehe Seite 144).

Finanzielle Erwägungen

Oft höre ich von Eltern:»Wir geben unser Kind in einen Gruppenunterricht, der Einzelunterricht ist uns zu teuer.« Ein Preisvergleich zeigt jedoch, dass dies nicht in jedem Fall stimmt:

- Einzelunterricht: pro Monat
  ca. 35–75 € (30 Min. wöchentlich)
- Gruppenunterricht: pro Monat
  ca. 25-45 € (Zweier-Gruppe, 30 Min. wöchentlich),
  ca. 17-60 € (Sechser-Gruppe, 60 Min. wöchentlich)

Viele Schulen bieten Gruppenunterricht aus pädagogischen Gründen an. Dieser ist meist auf zwei, höchstens drei Kinder beschränkt. Wenn diese Zahl überschritten wird, können auch finanzielle Erwägungen der Institutionen eine Rolle spielen.
In jedem Fall sollten Sie das Preis-Leistungs-Verhältnis vergleichen! Am besten prüfen Sie genau, was der Unterricht im Verhältnis erstens zur Dauer und zweitens zur Anzahl der Kinder kostet.

Gemessen am Können und der Ausbildung eines Lehrers und verglichen mit einer Handwerkerstunde sind die Preise für Instrumentalunterricht durchaus angemessen. Und falls wirklich nicht genug Geld vorhanden ist, um den Unterricht zu bezahlen, können Sie sich in jeder Schule nach Ermäßigungen erkundigen. Auch Privatlehrer können Sie auf dieses Thema ansprechen. Darüber hinaus gibt es in vielen Städten private Vereine oder Fonds, die

Kinder in ihrer musikalischen Erziehung finanziell unterstützen.

Eine preiswerte Alternative zum Instrumentalunterricht sind Flötengruppen und Chöre:

● In vielen Gemeinden, Bürgerhäusern oder Familienbildungsstätten gibt es Flötengruppen, die meist von sehr engagierten Lehrkräften betreut werden. In einer Gruppe kommt Ihr Kind vielleicht nicht ganz so schnell voran wie im Einzelunterricht, aber ein liebevoller Lehrer erreicht auch hier sehr viel mit den Kindern. Das gemeinsame Musizieren wird hier besonders gefördert.

● In den meisten Schulen gibt es Chöre für unterschiedliche Altersstufen. Auch die Gemeinden und viele Musikschulen unterhalten einen Chor (entweder kostenlos oder gegen einen geringen Mitgliedsbeitrag).

Das leidige Thema Üben

Endlich sind wir bei dem Thema angelangt, das sicherlich die meisten Eltern musizierender Kinder in Atem hält. Viele leidgeprüfte Eltern kommen mit diesem Thema in meine Sprechstunde, rollende Augen und resignierte Gesten leiten dann das Gespräch ein: »Mein Kind will nicht üben! Was soll ich denn nun tun?«

Tja, wie soll man sich zu dieser Frage verhalten!?

Muss denn überhaupt geübt werden? Genügt es nicht, ein wenig Spaß beim Musizieren zu haben?

Wie wir in den vorangegangenen Kapiteln gehört haben, kommt der Spaß am Musizieren erst, wenn man sein Instrument beherrscht. Und dafür muss man üben, und zwar regelmäßig!

Viele Kinder üben gern und freiwillig, manche leiden phasenweise unter Unlust, und wieder anderen fällt es wirklich schwer. Der Stress beim Üben hat indes nichts mit Begabung zu tun, sondern mit der Persönlichkeit des Kindes und den Anforderungen, die es an sich selbst zu stellen vermag. Das eine Kind ist geduldig und lässt sich nicht entmutigen, ein anderes gibt schnell auf, wenn sich nicht sofort das gewünschte Ergebnis einstellt. Manche Kinder arbeiten methodisch, wieder andere lösen Probleme eher intuitiv. Es gibt Kinder, denen alles »zufliegt«, und es gibt Kinder, die sich auch den kleinsten Erfolg hart erkämpfen müssen.

Was versteht man eigentlich unter »Üben«?

Um ein Musikstück gut spielen zu können, sollte man erstens die richtige Abfolge der Töne beherrschen, zweitens diese Töne mit entsprechend guter Technik spielen und sich drittens bemühen, dabei auch einen schönen Klang zu erzeugen.

Dies alles kommt nicht von allein – es muss erlernt werden. Und dafür muss man sich ein wenig anstrengen, und zwar mit allen Sinnen, geistig, seelisch und körperlich. Denn die Feinmotorik lernt erst nach und nach, Abläufe zu spielen, die in einem schnellen Tempo gar nicht mehr nachvollziehbar sind, das heißt, solche Passagen müssen oft und vor allem langsam wiederholt werden, bis sie im richtigen Tempo abgerufen werden können. Dieser Prozess verlangt ein hohes Maß an Konzentration, Ruhe, Ausdauer und Geduld.

Ganz konkret heißt Üben:

● häufiges Wiederholen des Stückes,

● gezielte Klangsuche,

● analysieren und beheben technischer Probleme.

»Ich will nicht üben!«

Nach meiner Erfahrung finden sich aber immer gute Ausreden, *nicht* zu üben! Hier die drei häufigsten:

● Keine Zeit!

● Keine Lust!

● Keine Ahnung!

»Keine Zeit!«

»Wir hatten leider gar keine Zeit zum Üben!« Mit diesem lapidaren Kommentar begründen vor allem kleinere Kinder ihr Versäumnis. Warum sie keine Zeit hatten, bleibt in der Regel offen. Ältere Schüler sind da etwas genauer: »Ich konnte leider nicht richtig üben, wir haben in der Schule sooo viele Arbeiten geschrieben!« Regelmäßiges Üben scheint demnach ein organisatorisches Problem zu sein.

Bei kleinen Kindern müssen die Eltern darauf achten, dass die Routine eingehalten wird. Denn die Kleinen überblicken ihren Tagesablauf noch nicht. Es kann sehr leicht passieren, dass sie den ganzen Tag an das Üben denken, aber irgendwie doch nicht den Weg zum Instrument finden. Am besten setzen Sie sich am Anfang mit Ihrem Kind zu einer festgesetzten Zeit (zum Beispiel vor dem Abendessen) an das Instrument und beaufsichtigen das Üben.

Je älter die Kinder werden, desto mehr Eigenverantwortung übernehmen sie für die Einteilung ihres Tagesablaufs. Dann genügt es, mit Nachdruck an das Üben zu erinnern. Die Regel »Es wird geübt – und zwar täglich!« bleibt weiterhin bestehen. Manchen Kindern hilft auch eine Uhr: »Du musst jetzt genau 20 Minuten üben!« Meine Tochter hatte eine Phase, in der sie dies auf die Minute genau einhielt und den Bogen beiseite legte, sobald die Zeit um war – und das selbst mitten im Stück!

Aber sie hatte ein gutes Gefühl dabei, denn sie hatte ihre Arbeit, wie abgesprochen, ordentlich erledigt. Nach kurzer Zeit ging es allerdings ohne Uhr viel besser: »Wenn ich einfach übe, bis ich alles geschafft habe, ist es viel interessanter. Wenn ich immer wieder auf die Uhr schiele, konzentriere ich mich nicht so gut.« Eine bedeutsame Erkenntnis! Es sollten aber auch Zeiten festgelegt und eingehalten werden, in denen die jungen Künstler Pause machen. Dies kann ein freier Tag pro Woche sein, oder es wird vereinbart, dass in den Ferien weniger geübt wird.

Bei allem Nachdruck: Sie sollten den Bogen allerdings niemals überspannen. Ist Ihr Kind krank oder sehr gefordert (zum Beispiel in der Schule) müssen Sie natürlich darauf reagieren. Im Mittelpunkt sollte immer die Freude am Musizieren stehen! Das Üben darf nicht zur stumpfsinnigen Fron ausarten, sondern sollte als liebevolles und entspanntes Bemühen um das Instrument betrachtet werden.

Das Kind wird die Forderung nach Regelmäßigkeit positiv erwidern, wenn die Disziplin nicht unbarmherzig eingefordert wird. Es lernt, dass es nicht nur mit dem Instrument, sondern auch mit sich selbst liebevoll umgehen soll.

»Keine Lust!«

Unlust ist eine Frage der Erziehung. Die Kinder nutzen das Thema Üben, um Grenzen auszuloten: »Wie weit kann ich gehen. Wie ernst meint es Mama mit ihren Anweisungen?« Viele Eltern kleiner Kinder sind sehr verunsichert, wenn es zu Hause wegen des Übens zu Auseinandersetzungen kommt. Sie denken schnell: »Mein armes Kind ist vielleicht doch überfordert. Ob wir es nicht besser lassen sollten?« Geben Sie Ihrem Gefühl nicht nach! Lassen Sie sich nicht täuschen! Die Kinder stellen Sie nur auf die Probe! Wenn ein kleines Kind für fünf bis zehn Minuten üben soll, ist es auf keinen Fall überfordert. Am besten setzen Sie ruhig und freundlich, aber bestimmt Ihre Anweisungen durch.

»Keine Ahnung!«

Falls Ihr Kind das Üben verweigert, weil es angeblich mit den gestellten Aufgaben nicht zurechtkommt, ist das ein Problem der richtigen Strategie.

Fast alle Kinder tendieren dazu, ein Stück von vorn bist hinten in einem ziemlich hohen Tempo durchzuspielen. Machen sie irgendwo einen Fehler, wird nicht etwa die betreffende Stelle geübt, sondern wieder von vorn angefangen. Meist stolpern sie wieder über genau dasselbe Problem. Mit wachsender Ungeduld und Wut wird noch einmal von vorn begonnen, diesmal mit gesteigertem Tempo. Dass es nun erst recht nicht klappt, liegt auf der Hand. Ich war oft versucht, mein Klavier zu Kleinholz zu verarbeiten, wenn ich auf diese Art nicht weiterkam!

In diesem Fall sollten Sie unbedingt darauf bestehen, dass das Kind langsam übt, schwierige Stellen gesondert unter die Lupe nimmt und den Anweisungen des Lehrers folgt, selbst wenn es mühsam ist.

»Ich kann die Noten nicht lesen«, ist auch eine beliebte Ausrede. In den meisten Fällen könnten die Kinder das schon, wenn sie sich nur bemühten. Sicherheitshalber sollten Sie aber den Lehrer auf das Problem aufmerksam machen, damit er gezielt dagegen angehen kann.

Oft dudeln die Kinder zu Hause immer und immer wieder die Stücke, die sie längst beherrschen. Das nennen sie dann »Üben«. Sie sollten hellhörig werden, wenn Sie dieselben Stücke länger als zwei Wochen zu hören bekommen. Werfen Sie einen Blick in das Hausaufgabenheft, und fragen Sie nach, was Ihr Kind eigentlich üben soll. Entweder soll es andere Stücke spielen – die sollten dann auch ohne Wenn und Aber geübt werden –, oder es hat tatsächlich über längere Zeit hinweg immer dieselben Aufgaben zu erledigen. In diesem Fall sollte es konzentrierter zu Werke gehen und intensiver üben, um sich schwierigeren Aufgaben zuzuwenden. Stagnation ist demotivierend und außerdem teuer!

Was können Eltern tun?

Auf keinen Fall sollten Sie sich von diesen oder anderen Argumenten aus der Ruhe bringen lassen! Ich selbst schaffte das allerdings lange Zeit nicht. Meine Tochter brachte mich beim Üben regelmäßig völlig aus der Fassung. Als ich jedoch mit Nachdruck auf meinen Forderungen bestand, verflüchtige sich der Zirkus beim Üben binnen einer Woche.

Manchmal hilft es, das Kind eine Zeit lang beim Üben ganz sich selbst zu überlassen. Eine solche Maßnahme sollte aber mit dem Lehrer abgesprochen werden. Denn der Lehrer sollte deutlich machen, dass er es nicht gutheißt, wenn sein Schüler schlecht vorbereitet zur Stunde kommt. Schließlich widmet er ihm viel Zeit und Energie. Dasselbe kann er auch von seinem Schüler erwarten. Es ist äußerst wirkungsvoll, wenn die Eltern eine solche Haltung unterstützen. Mit der Zeit begreifen die Kinder, dass ihr Musiklehrer kein Diener ist, mit dem man nach Belieben umspringen kann. Ohne Absprache mit den Eltern trauen sich jedoch viele Lehrer nicht, eine solche Haltung einzunehmen.

Gerade das Umfeld des Kindes ist für das Üben wichtig. Welche Werte werden ihm von den Eltern vermittelt? Wie führt der Lehrer das Kind an die Musik und das Üben heran? Vertritt die Umgebung die Auffassung, dass man sich um eine Sache bemühen muss, dass es sich lohnt, dafür Zeit und Mühe zu investieren?

Regelmäßiges Üben ist also auch eine Frage der Erziehung! Denn es führt nicht nur zur Beherrschung des Instrumentes, das Kind trainiert dabei auch viele nützliche Eigenschaften, die im Leben von großem Nutzen sind und nicht nur mit Musik zu tun haben: Ausdauer, Geduld, Selbstüberwindung, Neugier, Ehrgeiz und Teamgeist.

Doch manchmal scheint es, als seien diese Tugenden nicht mehr up to date. Die Kinder sollen doch vor allem Spaß haben, man soll ihnen nichts aufzwingen, sie ja nicht überfordern … Ja, sicher, doch viele Eltern sehen mittlerweile, dass eine Erziehung zur Beliebigkeit keine glücklichen Kinder heranwachsen lässt (ich möchte in diesem Zusammenhang auf zwei Bücher hinweisen, die diese Fragen vertiefend behandeln: *Kinder optimal fördern – mit Musik* von Hans Günther Bastian und *Gute Autorität* von Wolfgang Bergmann, siehe Anhang). Viele Eltern fragen mich um Rat, wie sie mit ihren Kindern umgehen sollen, nicht nur was das Üben betrifft. Meine Antwort: Zeigen Sie Ihrem Kind, dass sie seine musikalischen Bemühungen schätzen. Hören Sie ab und zu im Unterricht zu, und erkundigen Sie sich beim Lehrer, wie Sie das Üben zu Hause begleiten können. Machen Sie das Vorspielen Ihres Kindes zu einem besonderen Erlebnis. Das motiviert! Erklären Sie aber auch deutlich, dass es klare Regeln für das Üben gibt, die befolgt werden müssen. Wann und wie viel Ihr Kind übt, sollten sie mit dem Lehrer absprechen, damit alle beteiligten Erwachsenen an einem Strang ziehen.

Dem Thema Üben sollten Sie entspannt, mit Zuwendung, Interesse und liebevoller Autorität begegnen. Es geht nicht um »Einzelhaft« am Instrument, sondern um die Entwicklung von Eigenverantwortung: »Du willst eine schöne Sache lernen, die dir viel Freude macht. Also musst du dich auch ein bisschen darum bemühen! Ein Haustier darf man ja auch nicht verhungern lassen. Und ohne Streicheleinheiten und Zuspruch geht es schnell ein. So ähnlich geht's deinem Instrument auch, wenn du dich nicht darum kümmerst!«

Üben kann man lernen

Oft musizieren Kinder leidenschaftlich gern, möchten aber gleichzeitig geistige Anstrengungen vermeiden. Da wird das Instrument oft zum Kriegsschauplatz, auf dem erbitterte Gefechte ausgetragen werden. Man kann aber zum Glück einiges tun, um diese Gefechte (weitgehend) zu vermeiden, denn das Üben kann man lernen.

»Wie viel soll Finn üben?«, fragte mich die Mutter eines sechsjährigen Jungen, der gerade mit dem Klavierunterricht begonnen hatte.

»Täglich ungefähr fünf Minuten«, entgegnete ich. Für ein kleines Kind ist es schon eine große Leistung, jeden Tag an seinem Instrument zu sitzen und seine Übungsstücke ein paar Mal durchzuspielen. Am Anfang ist das nur ein kurzes Liedchen und eine technische Übung, dafür braucht es nicht lange. Aber es lernt: »Ich baue das Üben in meinen Tagesablauf ein wie das Zähneputzen. Es gehört einfach dazu und wird nicht in Frage gestellt.«

Bei Finn steigerte sich nach einem halben Jahr Klavierunterricht die Übezeit auf täglich zehn Minuten, da auch die Lieder, Stücke und Übungen, die er spielte, länger wurden. Nach einem Jahr übte er jeden Tag zwanzig bis dreißig Minuten und kam damit ganz gut zurecht.

Anfangs bestand das Üben aus der Wiederholung dessen, was wir im Unterricht schon so gut geübt hatten, dass Finn es beherrschte. Er durfte es während der Woche nur nicht wieder vergessen. Dann lernte er, selbstständiger zu üben, das heißt, wir erarbeiteten nicht alles im Unterricht, einiges musste er zu Hause »vervollkommnen«.

Das Üben wurde auf diese Weise behutsam in seine Verantwortung übergeben. Nach zwei Jahren hatte der kleine Finn mit ziemlich schwierigen, langen Stücken zu kämpfen, was ihn maßlos frustrierte, denn plötzlich musste er seinen Verstand einschalten und das Stück auseinander nehmen, kleine Abschnitte üben und ein bisschen länger auf den Erfolg warten als bisher.

In dieser Phase hätte er beinahe aufgegeben, denn er dachte: »Das schaffe ich nie!«

Jeder Schüler erreicht diesen Punkt früher oder später. Dann kommt es darauf an, das Üben zu lernen. Er macht die Erfahrung, dass man einem Stück auf vielfältige Weise zu Leibe rücken kann, zum Beispiel durch gezieltes Üben schwieriger Stellen, und dass man sein Üben über einen längeren Zeitraum planen muss.

Finn war außerordentlich begeistert, als er merkte, dass ihm zielgerichtete Übe-Strategien halfen, seine Probleme zu lösen. Nach etwa fünf Jahren erlahmte Finns Eifer beim Üben etwas. Langsam kam er in die Pubertät und tat sein Desinteresse am Musizieren im Unterricht mit ausgesuchter Höflichkeit kund. Kein einziges Mal hörte ich im folgenden Jahr:»Ich habe keine Lust.« Freundlich besuchte er seinen Unterricht und spielte brav seine Stücke. Allerdings übte er sie zu Hause überhaupt nicht. Machte ich ihm deshalb Vorhaltungen, sah er mich betrübt an, denn er wollte mir auf gar keinen Fall Kummer bereiten! Geübt hat er trotzdem nicht.

Also musste ich mir eine besondere List ausdenken: Ich meldete ihn häufig zu Schülerkonzerten an. Finn entwickelte beträchtliche Energien als»Saisonarbeiter«. Kurz vor dem anstehenden Konzerttermin begann er angesichts meiner Androhung zu üben:»Wenn das bis übermorgen nicht klappt, darfst Du nicht spielen!« Da er mir, wie schon gesagt, auf gar keinen Fall Kummer bereiten wollte, schaffte er es mit dem Üben immer gerade so, dass er sich im Konzert nicht blamierte. Ich stand während der ganzen Zeit begreiflicherweise große Ängste aus, besonders im Konzert …

Nach einem weiteren Jahr hatte Finn einen eigenen Standpunkt zum Musizieren und Üben gefunden. Er übte wieder, nicht zu viel. Aber gerade genug, dass er»keinen Frust in der Stunde« hatte, wie er sagte. In dieser Zeit interessierte er für sich die Schulband und begann begeistert, dort mitzuspielen.

Er hatte sich (besonders in seiner faulen Phase) geweigert, den Lehrer zu wechseln:»Ich bleibe bei Dir, oder ich höre auf!« Jetzt hatte er sein Interesse an der Gitarre entdeckt, und wir beschlossen gemeinsam, dass er nun Gitarren- statt Klavierunterricht nehmen sollte. Er bekam einen neuen Lehrer, und heute (kurz vor dem Abitur) spielt er die Musik, die ihm gefällt, auf beiden Instrumenten und schreibt sogar eigene Stücke für die Schulband.

Finns musikalischer Weg ist typisch für eine gelungene Ausbildung. An keinem Punkt warf er das Handtuch, weil Lehrer und Eltern klare Regeln aufgestellt hatten, die ihn nicht überforderten. So konnten alle Krisen aufgefangen werden. Nach vielen Jahren Musikunterricht verfügt er mittlerweile über so viel Können, dass er auch in anderen Bereichen Spaß am Musizieren haben kann.

10 goldene Regeln, um Stress beim Üben zu vermeiden

1. Üben ist wichtig, damit man Spaß an der Musik haben kann. Signalisieren Sie Ihrem Kind: Es muss geübt werden. Das Thema steht nicht zur Diskussion.

2. Lehrer und Eltern sollten sich über das Pensum einigen und gemeinsam durchsetzen, dass es eingehalten wird.

3. Das Üben sollte in den Tagesablauf eingebaut werden wie das Zähneputzen.

4. Das Üben sollte die Kinder nicht überfordern. Fünf bis zehn Minuten täglich sind für den Anfang genug.

5. Das Üben sollte keine stumpfsinnige Fron sein. Übefreie Tage sind wichtig.

6. Wenn Ihr Kind krank ist oder in der Schule stark gefordert wird, sollte das Pensum angepasst werden.

7. Begleiten Sie Ihr Kind ab und zu in den Unterricht, und fragen Sie den Lehrer, wie sie das häusliche Üben unterstützen können.

8. Was steht im Aufgabenheft? Übt Ihr Kind auch tatsächlich, was es aufhat? Wenn nicht, sollten Sie darauf bestehen, dass die gestellten Aufgaben erledigt werden.

> **9.** Lassen Sie sich nicht von den Ausreden: keine Lust, keine Zeit, keine Ahnung aus der Ruhe bringen.
>
> **10.** Zeigen Sie ein freundliches Interesse am Musizieren Ihres Kindes. Hören Sie ab und zu beim Üben zu, besuchen Sie seine Konzerte, und bringen Sie zum Ausdruck, dass Sie seine Anstrengungen schätzen.

Wie viele Jahre sollte man das Üben durchhalten?

Auch wenn man die Musik nicht zum Beruf machen möchte, ist es wichtig, einige Jahre Musikunterricht durchzuhalten und nicht bei den geringsten Launen aufzugeben.

Wenn ein Kind mit sechs Jahren beginnt, sollte es auf jeden Fall bis zur Pubertät Unterricht erhalten. In dieser Zeit sollten nicht zu viele Instrumentenwechsel stattfinden. Auf diese Weise erhält das Kind die Gelegenheit, ein Instrument gründlich kennen zu lernen und eine gute Ausdrucksfähigkeit zu erlangen.

Ein erwachsener Schüler gestand mir einmal: »Hätten meine Eltern mir nur nicht erlaubt, mit dem Klavierspielen aufzuhören, als ich eine lustlose Phase hatte! Ich habe auf diese Weise nur zwei Jahre Unterricht gehabt. Heute bedauere ich das sehr.« Er kämpfte sich zwar tapfer durch seinen Unterricht, hatte aber immer das Gefühl, in seiner Kindheit etwas versäumt zu haben. Diese Situation wird mir so oft geschildert, dass ich zu dem Schluss gekommen bin, allen Eltern zu raten: Stellen Sie das Thema Üben nicht zur Diskussion, bevor ihr Kind vierzehn Jahre alt ist. Ein Lehrer- oder Instrumentenwechsel kann besprochen werden, nicht aber die Tatsache, dass der Musikunterricht besucht und zu Hause geübt wird. Ihr Kind wird es Ihnen später einmal danken!

Leitfaden: Instrumentalunterricht

- Je früher der Instrumentalunterricht beginnt, desto besser. Das beste Einstiegsalter liegt bei sechs Jahren. Allerdings sollte der Entwicklungsstand des Kindes berücksichtigt werden: Nur wenn das Kind die Anforderungen im Unterricht auch erfüllen kann, sollte es mit dem Unterricht beginnen, sonst ist der anfängliche Enthusiasmus schnell verflogen.

- Die Chemie zwischen Lehrer, Schülern und Eltern muss stimmen, damit sich Erfolg einstellt. Die Eltern haben begleitende Aufgaben, kleine Kinder brauchen beim Üben mehr Unterstützung als größere.

- Während der Pubertät wird das Instrument oft zum Freund. Die Jugendlichen können ihm ihre Seele anvertrauen. Das geht am besten, wenn sie schon einige Jahre Unterricht hatten. Denn dann verfügen sie über die notwendige technische Reife, um ihre Gefühle in die Sprache der Musik zu übersetzen.

- Nicht jedes Instrument ist für jedes Kind geeignet. Die Frage, ob Ihr Kind ein zu ihm passendes Instrument spielt, kann über den Erfolg oder Misserfolg des Musikunterrichts entscheiden.

- Die Wahl des Instruments hängt ab vom Wunsch des Kindes, von seinem Charakter, seinem Alter und seiner körperlichen Konstitution. Lassen Sie sich hier von einer Fachkraft eingehend beraten. Sollte ihr Kind sich nicht entscheiden können, gibt es viele Möglichkeiten, unterschiedliche Instrumente auszuprobieren.

- Es gibt keine idealen, wohl aber gute Lehrer. Der Lehrer sollte ein guter Musiker und pädagogisch wie psychologisch versiert sein. Er muss sich für seine Schüler interessieren, Kinder mögen und freundlich sein, aber auch eine gewisse Strenge und Autorität ausstrahlen. Eltern und Lehrer sollten eng zusammenarbeiten und an einem Strang ziehen.

- Ein Lehrerwechsel sollte nicht zu häufig erfolgen, da der Schüler sich jedes Mal auf eine neue Unterrichtsmethode einstellen muss. Liegen keine zwingenden Gründe vor, sollte das Kind mindestens zwei Jahre beim selben Lehrer bleiben.

- Die gewählte Unterrichtsform muss Ihrem Kind gerecht werden. Jedes Kind sollte individuell gefördert werden. Am besten geschieht dies im Einzelunterricht in Verbindung mit regelmäßigem Ensemblespiel.

- Gemeinsames Musizieren in einer Gruppe ist wichtig. Es macht Spaß, motiviert und schult die Fähigkeit, einander zuzuhören und aufeinander einzugehen.

- Schülerkonzerte bringen Abwechslung in die tägliche Routine des Unterrichts und motivieren zum Üben.

- Regelmäßiges Üben ist eine Voraussetzung für erfolgreichen Musikunterricht. Ein guter Unterricht ermöglicht es dem Schüler, irgendwann selbstständig zu üben. Bis dahin sollten die Eltern ihn nach Möglichkeit unterstützen.

- Je nach Alter und Charakter des Kindes kann das Üben zum Kriegsschauplatz in Erziehungsfragen werden. Die Kinder testen hier vor allem die Verlässlichkeit der elterlichen Anordnungen. Deshalb ist es sehr wichtig, dass die Eltern einen klaren Standpunkt vertreten, der mit den Vorgaben des Lehrers abgesprochen werden sollte. Auf diese Weise kann viel Diskussion und Streit vermieden werden. Kinder brauchen klare Regeln – das gilt auch für das Üben.

- Letztlich entscheiden die Eltern, ob ihre Kinder musizieren und wie viel sie üben. Denn bis zur Pubertät können die Kinder die Folgen, die ein launenhafter Umgang mit dem Instrument hat, noch nicht ermessen. Auftretende Probleme können nur dann befriedigend gelöst werden, wenn zwischen Eltern und Kindern ein liebevolles Verhältnis besteht.

08

Musikalische Hochbegabung

Keine Bange - auch für diese Töpfchen gibt es Deckelchen!

Außenseiter zwischen Anerkennung und Argwohn

»Du wirst einmal unter der Brücke landen!« Das war die feste Überzeugung der Mutter eines guten Freundes, als er den Wunsch, Musiker zu werden, äußerte. Er studierte trotzdem Musik, finanzierte sein Studium selbst und hat seine Entscheidung nie bereut.

Wir haben uns oft über diese Geschichte unterhalten. Seine Mutter erzählte mir, dass sie bei einem IQ-Test in der Schule mit der Tatsache konfrontiert wurde, dass ihr Sohn weit überdurchschnittlich intelligent war: »Sein IQ liegt etwa dort, wo Genie und Wahnsinn sich treffen!«

Als dieses außergewöhnliche Kind begann, sich für Musik zu interessieren, wurde es gefördert. Der Junge erhielt Klavierstunden und wurde viele Kilometer weit zu einem Lehrer gefahren, der sich liebevoll um ihn kümmerte. Doch den Eltern war diese Sache nie ganz geheuer. Denn: Ermutigt durch die stetige Unterstützung seines Lehrers begann der Junge auch noch zu komponieren. Der Kommentar seiner Mutter hierzu: »Was haben wir in der Erziehung bloß falsch gemacht, dass der Junge so ein grässliches Zeug schreibt!«

Der »Junge« ist heute ein international anerkannter Komponist und Pianist. Er ist weder wahnsinnig noch schläft er unter der Brücke. Allerdings hat er sich diese Karriere hart erkämpft. Seine Eltern sind stolz auf ihn, aber richtig überzeugt sind sie von diesem Lebensweg nicht. Nach wie vor ist ihnen die ganze Geschichte suspekt.

Oft werden hochbegabte Kinder mit einer Mischung aus Unverständnis und Besorgnis betrachtet. Sie sind anders, passen nicht so richtig in ein normales Schema - wobei man sich fragen sollte, was eigentlich normal ist!

In ihrem Buch *Das Drama des begabten Kindes und die Suche nach dem wahren Selbst* behandelt Alice Miller das Thema ausführlich (siehe Anhang, Seite 199).

Wann spricht man von musikalischer Hochbegabung?

Ein Kind gilt als musikalisch hochbegabt, wenn …

- das Kind Begeisterung für Musik und großes musikalisches Einfühlungsvermögen zeigt,
- über die notwendigen manuellen Fähigkeiten, also den geschickte Umgang mit dem Instrument verfügt,
- eine schnelle Auffassungsgabe und die Fähigkeit, das Gehörte umzusetzen, gegeben sind.

Diese Merkmale treffen auf höchstens drei Prozent aller Kinder zu.

In den USA und in Osteuropa kennt man diese große Scheu vor herausragenden Begabungen nicht. Im Gegenteil, Hochbegabte werden gefördert. Es gibt spezielle Begabtenschulen, die nur ausgewählte Kinder besuchen können. Nach bestandener Aufnahmeprüfung werden neben der normalen Schulbildung ihre besonderen Talente gezielt ausgebildet. Viele heute international anerkannte Musiker haben ein solches Institut besucht.

Allerdings birgt diese an sich sehr gute Ausbildung auch einige Gefahren. Die jungen Leute werden schon sehr früh auf einen bestimmten Beruf ausgerichtet. Mit sechzehn Jahren haben sie einen Ausbildungsstand, den unsere jungen Musiker erst mit fünfundzwanzig erreichen, wenn überhaupt! Da diese Jugendlichen aber nichts anderes getan haben, als sich auf diesen speziellen Beruf vorzubereiten, können sie sich oft gar nicht vorstellen, dass ihr Leben auch anders verlaufen könnte. Die Gefahr, zum Fachidioten zu werden, ist groß.

Ein erfolgreicher Musiker und guter Freund erklärte mir einmal:»Obwohl ich Profi-Musiker bin, und das sehr gern, weiß ich nicht recht, ob ich wirklich den richtigen Beruf gewählt habe.« Hätte er dann nicht etwas anderes studieren können, Architektur zum Beispiel, fragte ich ihn.»Sicher, aber das kam mir gar nicht in den Sinn. Ich kannte doch nichts anderes als Musik. Und keiner hatte sich jemals mit mir vernünftig über andere Lebensentwürfe unterhalten. Also habe ich gemacht, was ich immer gemacht habe, und was alle von mir erwartet haben.« Dabei war der junge Mann nicht nur musikalisch hochbegabt. Er hatte in der Schule zwei Klassen übersprungen und sein Abitur mit der Note 1,0 bestanden.

Viele hochbegabte Kinder sind Mehrfachbegabungen. Der Schulleiter eines Gymnasiums mit einem Musikzweig erklärte mit gegenüber:»Wissen Sie, musikalisch hochbegabte Kinder sind meist sehr gut in der Schule. Das sind auch Überflieger in anderen Fächern.« Wohl deshalb ist es nicht immer einfach, den richtigen Weg für solche Kinder zu finden. Ihnen mit Argwohn und Unverständnis zu begegnen ist falsch, sie sehr früh mit Drill zu Spezialisten auf einem einzigen Gebiet auszubilden, ebenfalls.

Prof. Banfield, ein berühmter Pianist und erfolgreicher Pädagoge, gab mir auf die Frage, wie er mit jungen musikalischen Hochbegabungen umgeht, folgende Antwort:»Am wichtigsten ist, ihnen zu helfen, glückliche und lebenstüchtige Menschen zu werden. Sie müssen einen weiten Horizont haben. Wir dürfen sie nicht zu Fachidioten ausbilden. Das ist nicht nur für ihr Leben äußerst wichtig, sondern auch für ihre Karriere. Denn die menschliche und geistige Bildung ist sehr wichtig für die Persönlichkeit eines Künstlers. Die Musik in all ihren Dimensionen wird erst wirklich verstanden, wenn sie in ihrem geistigen und ethischen Zusammenhang gesehen wird.« Ich war ihm dankbar für diese Antwort. Er hätte meine Frage auch mit einem detaillierten Übungs-Programm beantworten können. Oder er hätte ein Plädoyer für bessere Ausbildungsmöglichkeiten halten können. Er stellte jedoch den Menschen in den Mittelpunkt seiner Betrachtungen. Das halte ich auch für den wichtigsten Ausgangspunkt aller Ratschläge! Wir alle wünschen uns, dass unsere Kinder ein glückliches Leben führen können, sich möglichst in die Gesellschaft eingliedern und nicht mit geistigen oder seelischen Scheuklappen durch die Welt gehen.

Aber genau hier liegt ein Problem der Förderung musisch hochbegabter Kinder. Wenn sie ihre ganze Zeit nur mit Üben verbringen, haben sie wenig Gelegenheit, sich mit anderen Themen auseinander zu setzen. Üben sie hingegen zu wenig, sind sie auf dem Konzertpodium nicht konkurrenzfähig.

Eine ähnliche Situation gibt es nur noch im Leistungssport.

Disziplin beim Üben muss schon sein. Daran führt kein Weg vorbei. Egal, wie genial ein Kind ist, am Instrument müssen alle arbeiten. Wichtig jedoch ist ein Unterricht, der sie weder über- noch unterfordert (wobei begabte Kinder oft eher unterfordert werden).

Felix, der Alleskönner

Felix kam mit sieben Jahren zum ersten Mal zur Klavierstunde. Ich begann mit meinem üblichen Programm an Übungen und Liedern. Er machte das zwei Mal geduldig mit, aber gleich zu Anfang der dritten Stunde stellte er mir Noten auf das Klavier und fragte: »Kannst Du mir das mal vorspielen?« Ich konnte. Und, wie sich gleich herausstellte, war es gut, dass ich das anspruchsvolle Stück (eine Sonate von Mozart) richtig gut spielen konnte, denn zu meiner Überraschung las er die Noten mit! »Weißt du, wo wir gerade sind?«, fragte ich ihn nach der Hälfte des Stückes. Er wusste es. Ob er schon Noten lesen könne, fragte ich weiter. »Nö«, gab er zurück. »Aber ich weiß trotzdem, wo du bist.«

Mir war schon aufgefallen, dass Felix motorisch sehr geschickt war, aber das hatte ich nicht erwartet.

In der nächsten Stunde brachte er wieder Noten mit und erklärte mir, dass er im Krippenspiel das Lied *Ihr Kinderlein kommet* spielen wolle. Ob ich ihm zeigen könnte, wie das geht. Ich wollte ihm eine ganz einfache Version beibringen, die seinem bisherigen Niveau angemessen war. »Nein«, lehnte er ab. »Das hier ist interessanter. Das will ich spielen.«

»Das hier« war eine technisch schwierige Version des Liedes. »Wir müssen doch erst mal Notenlesen üben, damit du das spielen kannst«, wandte ich ein.

»Na, dann bring´s mir doch bei. Was ist zum Beispiel das hier?« In dieser Stunde erklärte ich Felix also das Notensystem, seitdem kann er Noten lesen! Selbst die meisten hochbegabten Kinder brauchen ziemlich lange, um das Notensystem zu lernen (oft mehrere Jahre) und es theoretisch zu erfassen. Für Felix hingegen war dieses Thema nach einer Stunde abgehakt. Er hatte das System verstanden und konnte sofort damit umgehen. Das Lied wurde planmäßig an Weihnachten aufgeführt!

Und in diesem Tempo ging es weiter. Einmal kam er zu früh zum Unterricht und musste eine Stunde lang warten. »Lass ihn doch heute am Theorie-Unterricht teilnehmen. Er sitzt hier sonst so allein«, bat ich einen Kollegen. Der sah mich skeptisch an: »Das ist nichts für ihn. Die anderen sind im dritten Jahr, und Felix hat gerade erst angefangen.«

»Die anderen« waren besonders begabte Kinder, die neben dem Instrumentalunterricht Musiktheorie lernten. Schließlich durfte Felix doch teilnehmen. Nach der Stunde war der Lehrer ziemlich sprachlos. Denn nachdem Felix einige Grundlagen erklärt bekommen hatte, konnte er mit den anderen Kindern mühelos mithalten. Seine Aufgaben löste er zum Teil sogar besser als die anderen. Sein einziger Kommentar: »War lustig. Darf ich jetzt öfter kommen?«

Ich bemühte mich, ihm nicht zu zeigen, wie ungewöhnlich er war. Ich gab ihm schwere Stücke zu spielen, die ihn

forderten und nicht langweilten. Einmal behauptete Felix nach den Ferien, er könne keine Noten mehr lesen. Da stellte ich ihm ein Stück auf das Klavier mit sehr groß geschriebenen Noten. »Schau, das ist extra zum Notenlernen«, begründete ich meine Auswahl. »Okay.« Und er spielte das Stück fehlerfrei ab. Was ich ihm verschwiegen hatte: Das Stück war wesentlich schwieriger als alles, was er bisher gespielt hatte. Es sah nur leichter aus, weil die Noten eine kindgerechte Größe hatten. Er bewältigte die Aufgabe spielend.

Wir hatten eine lustige Zeit zusammen, bis er eines Tages bockig wurde. Kein Stück gefiel ihm mehr. Er verweigerte die Mitarbeit mit immer derselben Begründung: »Ich hab keine Lust. Ich will nicht mehr Klavier spielen.«

Wie kam das? Ich hatte oft Gelegenheit, zu beobachten, wie andere Leute auf das siebenjährige Kind reagierten. Ihnen war sein Können unheimlich. Die Reaktionen waren manchmal fast feindselig. Er spürte diese Unsicherheit natürlich. Auch in seiner Klasse nahm er eine besondere Position ein. Obwohl er gut in den Klassenverband integriert war und viele Freunde hatte, merkte er, dass er anders war als andere Kinder. So etwas macht einsam. Kein Kind möchte einsam sein. Mit sieben Jahren ist es aber schwer, diesen Wunsch nach Zugehörigkeit zu artikulieren. Also versuchte er das, was ihn so sehr von den anderen Kindern unterschied, zu verweigern. Deshalb war Musizieren plötzlich langweilig.

Dieses Phänomen tritt sehr häufig bei hochbegabten Kindern auf. Oberflächlich werden sie als schwierig eingestuft (manche landen sogar in der Sonderschule!). »Aber gerade das ist das Problem!«, erklärte mir eine Mitarbeiterin des Vereins zur Förderung des hochbegabten Kindes e.V. »Diese Kinder sind unterfordert und isoliert. Sie finden keine Möglichkeit, sich einzugliedern, und obendrein langweilt sie der Schulstoff.« Was kann man dagegen tun?

Zunächst einmal müssen die Kinder ihren Anlagen gemäß gefördert werden. Das taten seine Eltern nun. Sie ermöglichten ihm Mathematikkurse an der Universität, er arbeitete an einem Radioprogramm für Kinder mit und kam zu vielen zusätzlichen Klavierstunden zu mir. Das alles half ihm, weil er nun gefordert war. Außerdem fand er einen gleichaltrigen Freund, der ihm ähnlich ist. Mit ihm hat er nicht das Gefühl, *anders*, also seltsam zu sein. Auch spielt er leidenschaftlich gern Fußball. Dabei kann er sich körperlich austoben und wird nicht nach seinen geistigen Fähigkeiten beurteilt. Die Kinder akzeptieren ihn, weil er gut Fußball spielt - mehr nicht.

Felix wollte ein »normaler« Junge sein. Im Klavierunterricht versuchte ich ihm zu vermitteln, das Normalität sehr relativ ist. Ich zeigte ihm, was für ihn normal ist, nämlich sein persönliches Bemühen um die Musik. Denn er musste ebenso üben und sich anstrengen wie alle anderen Kinder, nur eben auf einem höheren Niveau und mit einem höheren Tempo. Wir sprachen nicht darüber, dass er schneller vorankam als alle anderen Kinder, sondern wir übten einfach zusammen. Das fiel ihm auch nicht immer zu. Ich forderte ihn, so dass kein Gefühl der Überlegenheit aufkam, denn das ängstigte ihn weitaus mehr als dass es ihn anspornte. Es ist wichtig, in Gegenwart des Kindes nicht ständig in Entzücken über seine außergewöhnlichen Fähigkeiten auszubrechen, sondern ihm zu vermitteln, dass seine Leistungen seinen Fähigkeiten entsprechen und deshalb nichts Besonderes sind. Heute, mit neun Jahren, kann Felix diese Zusammenhänge schon rationaler sehen. Er lernt zu akzeptieren, dass er seine eigene Normalität finden muss und dies nicht durch Anpassung erreichen kann. Das ist ein harter Prozess.

Musikalität braucht Gefühle

Einen wichtigen Aspekt habe ich bisher noch nicht erörtert: Musikalität ist nicht nur eine geistig-motorische Eigenschaft, sondern auch eine emotionale. Musik vermittelt vor allem Gefühle, die nicht rational erfasst werden können oder müssen. Diese Emotionalität muss ebenso wie eine richtige Technik entwickelt werden. Manche Kinder sind dafür besonders begabt, so auch Felix. Er ist sehr sensibel. Ich habe selten ein Kind erlebt, dass so wach und liebevoll auf seine Umgebung reagiert wie er. Diese emotionale Intensität unterscheidet ihn zusätzlich von seiner Umwelt. Er nimmt unbewusst wesentlich mehr Informationen auf, als er verarbeiten kann. Das führt zu unausgesprochenen Kommunikationsproblemen.

Hier kann die Musik und die Beschäftigung mit einem Instrument natürlich ein Ventil sein. Dem Instrument kann man seine Gefühle anvertrauen. Und für eine gute Interpretation eines anspruchsvollen Stückes, von Beethoven beispielsweise, ist eine solche Sensibilität und Wachheit sogar nötig! Beim Musizieren wird sie genutzt und in eine befriedigende Tätigkeit umgesetzt. Im täglichen Leben hingegen wird sie von der Umwelt jedoch eher als anstrengend empfunden.

Ich könnte hier noch viele vergleichbare Beispiele aufzählen, die ähnliche Situationen schildern. Aber bereits die Geschichte von Felix zeigt, dass es weder für die Kin-

Der Umgang mit musikalisch hochbegabten Kindern

● Bei vielen Kindern zeigt sich musikalische Hochbegabung schon sehr früh. Sie wollen unbedingt musizieren und empfinden den Musikunterricht nicht als anstrengend. Sie lernen sehr schnell und sind motorisch sehr geschickt. Die Sprache der Musik ist ihnen von Anfang an vertraut. Wissbegierig saugen sie alles auf, was der Lehrer ihnen zu bieten hat. Mit vielen hochbegabten Kindern arbeite ich zweimal in der Woche, wenn sich das einrichten lässt. Einige von ihnen spielen auch zwei Instrumente und besuchen Zusatzkurse wie Musiktheorie und Gehörbildung. Mit diesen Zusatzveranstaltungen sollte man es jedoch nicht übertreiben.

● Normalerweise empfehle ich für alle Kinder zwei Termine pro Woche (zum Beispiel Sport und Musikunterricht). Die Nachmittage der Kinder dürfen nicht vollständig verplant sein, es muss Raum bleiben zum Spielen. Auch hochbegabte Kinder brauchen Muße und Zeit für Phantasie und Kreativität.

● Hochbegabte Kinder brauchen stets Anregung. Deshalb sollten die Eltern vielfältige Interessen fördern: Musizieren, Lesen, Kochen, Gärtnern, Sport treiben usw. Wichtig ist, stets für eine ausgeglichene Entwicklung zu sorgen.

● Keine kindliche Entwicklung verläuft reibungslos. Hochbegabte Kinder machen da keine Ausnahme. Auch sie müssen sich in ihrer sozialen Umgebung zurechtfinden. Da ist es sehr hilfreich, wenn die Eltern das Gefühl vermitteln: »Du bist prima. Du bist in Ordnung, so wie du bist.« Aussagen wie »Mein Gott, bist Du anstrengend. Musst Du immer so viele Fragen stellen?« sind hingegen verletzend.

der selbst noch für ihre Umgebung leicht ist, mit einer besonderen Begabung umzugehen.

Gerade in Deutschland ist es sehr schwierig, wenn man durch seine Leistung aus dem Rahmen fällt. Sportliche Hochleistung wird gerade noch akzeptiert, aber geistige Überflieger werden meist kritisch beäugt. Doch dank der PISA-Studie beginnt langsam ein Prozess des Umdenkens, die Möglichkeit von Begabtenschulen wird diskutiert und ansatzweise in die Tat umgesetzt. Ich halte das für dringend nötig, sowohl im Bereich der allgemeinbildenden Schulen wie auch in der musikalischen Ausbildung. Ich träume von einer Begabtenschule, die die Kinder umfassend fördert, sie jedoch nicht isoliert und sie nicht nur einseitig ausbildet.

Fördermöglichkeiten für musikalisch hochbegabte Kinder

Da es in Deutschland leider erst sehr wenige »Begabtenschulen« gibt, möchte ich im Folgenden alternative Möglichkeiten zur Förderung musikalisch hochbegabter Kinder aufzeigen.

Musikgymnasium

Auch ein Musikgymnasium ist eine gute Lösung, um Kinder behutsam aber zielgerichtet an Musik heranzuführen. In speziellen Musikklassen wird neben dem allgemeinen Unterrichtskanon besonders viel Wert auf Musik gelegt. Die Stundentafel sieht vier bis sechs Wochenstunden für musiktheoretische Fächer, Chor und Orchester vor.

Nach den Studien, die uns heute vorliegen, sollte diese Form des Unterrichts allen Kindern zugänglich sein! Denn jedes Kind profitiert von musischer Erziehung. Da dies in der Praxis leider noch nicht so ist, sind Musikklassen Kindern vorbehalten, die ein Orchester-Instrument spielen. Dort treffen sie auf gleichgesinnte Kinder, was sich auf ihre Sozialisation vorteilhaft auswirkt.

»Jungstudenten« an der Musikhochschule

Im Alter von dreizehn Jahren können Hochbegabte eine Aufnahmeprüfung an einer Musikhochschule ablegen und als Jungstudenten bei einem Professor Unterricht erhalten. Nebenbei können sie musiktheoretische Fächer belegen. Dabei haben die Jungstudenten den gleichen Status wie Vollstudenten. Der Unterricht ist kostenlos, und die Jugendlichen haben Zugang zu allen Studienfächern. Gleichzeitig können sie ihr Abitur an einer normalen Schule machen.

Unterricht bei einem »Erwachsenen-Lehrer«

Wenn die Kinder die technischen Grundlagen ihres Instrumentes beherrschen, sollte man gezielt einen Lehrer suchen, der einerseits mit Studenten, also Erwachsenen, arbeitet, andererseits aber auch mit Jugendlichen umgehen kann. Viele renommierte Künstler und Pädagogen nehmen selbst begabte und fleißige Schüler erst ab einer gewissen Stufe des Könnens. »Ich unterrichte kein Kind unter zwölf Jahren«, erklärte mir eine hervorragende Cellistin und Pädagogin. »Ich komme mit kleinen Kindern nicht gut zurecht.« Vielen Künstlern geht es ähnlich.

Sommercamps und Kammermusikkurse

Für angehende junge Musiker ist es wichtig, dass sie mit großen Künstlern in Kontakt kommen. Hierfür gibt es in den USA die so genannten Sommercamps. Dort treffen sich bekannte Künstler, Lehrer und Schüler, um gemeinsam zu musizieren. In Einzelstunden und Ensemblearbeit haben die Jugendlichen Gelegenheit, die Arbeitsweise ihrer großen Vorbilder kennen zu lernen, Kontakte für ein späteres Studium zu knüpfen und sich mit Gleichaltrigen auszutauschen.

In Deutschland gibt es diese Möglichkeit mittlerweile auch. Die Initiative *Jeunesses Musicales Deutschland* bietet Meisterkurse, Orchester- und Kammermusik-Freizeiten für Jugendliche an. Auch die *musikKUNSTschule* Hamburg bietet in Zusammenarbeit mit international renommierten Künstlern ab Herbst 2002 solche Kurse an, die allen jungen angehenden Künstlern offen stehen (nähere Informationen zu beiden Initiativen finden Sie im Anhang).

Wettbewerbsteilnahme

Eine weitere Möglichkeit, begabte Kinder zu fördern, sind Wettbewerbe, zum Beispiel im Rahmen von *Jugend musiziert*. Die Kinder und Jugendlichen, die hier Preise gewinnen, werden von den Organisatoren des Wettbewerbes auch weiterhin gefördert. Sie haben die Gelegenheit, an ausgewählten Orchesterprojekten mit berühmten Dirigenten teilzunehmen, sie erhalten Angebote für Konzerte, Preisgelder und Stipendien.

Die einzelnen Fachlehrer bereiten geeignete Kinder auf den Wettbewerb vor, der in drei Runden ausgetragen wird (auf Kreis-, Landes- und Bundesebene).

Aber Vorsicht! Nicht jedes Kind eignet sich dafür. Dies hat weniger mit Begabung und Fleiß zu tun als mit den Anforderungen an Nerven, Ausdauer und Konzentrationsfähigkeit. Ich kenne einige renommierte Künstler, die ihren Weg an den Wettbewerben vorbei finden mussten und dennoch konzertieren und CDs einspielen. Ein schönes Konzert zu geben ist etwas ganz anderes, als sich in einem Wettbewerb prüfen zu lassen. Manche Kinder werden den Wettbewerbsanforderungen mühelos gerecht. Sie können auf Abruf fehlerfrei und sicher spielen. Andere Kinder wiederum verspielen sich unweigerlich, auch wenn ihre künstlerische Darbietung ein hohes Niveau hat.

Beides sagt nichts aus über das Können und die musikalische Begabung. Arthur Rubinstein, einer der berühmtesten Pianisten des 20. Jahrhunderts, erzählte einmal, dass er einen Schrecken bekam, als er sich zum ersten Mal auf einer Aufnahme hörte:»So viele falsche Noten!« Sein Konzertpublikum hat das aber nie gestört. Sicherheit beim Spielen ist für einen Wettbewerb jedoch eine messbare Größe und bis zu einem hohen Grad trainierbar. Man muss eben genug üben. Aber ein Restrisiko bleibt. Nicht jedes Kind hat Nerven wie Drahtseile.

Ein weiteres Problem ist der Stand des Könnens. Der Wettbewerb teilt die Kinder in Altersstufen ein. Da aber nicht alle Kinder einer Altersstufe denselben Entwicklungsstand haben, sollten an einem Wettbewerb nur Kinder teilnehmen, die den gewünschten Anforderungen mühelos entsprechen.

Die Teilnahme an einem Wettbewerb sollte in jedem Fall mit dem Fachlehrer besprochen und von diesem vorbereitet werden. Aber dem Kind darf er keine zu große Bürde aufladen. Sonst ist die Enttäuschung am Ende groß. Die Freude an der Musik weicht dann allzu leicht einem Gefühl des Versagens. Das sollten Sie Ihrem Kind in jedem Fall ersparen.

»Naturbegabungen«

Zahlreiche musikalisch Hochbegabte passen überhaupt nicht in unser gängiges Schema. Denken Sie nur an Oscar Peterson, den berühmten Jazz-Pianisten. Er konnte weder Noten lesen noch hat er je an einem klassischen Wettbewerb oder Kammermusikkurs teilgenommen. Er fand seinen Weg allein, mit seiner eigenen Musik.

Auch der junge Ausnahmekünstler Jannis Kaffka, ein Bekannter von mir, ist nach eigener Aussage weder in der Lage, auswendig zu spielen, noch eine Beethovensonate fehlerfrei zu interpretieren. Meiner Meinung nach kann er das schon, er will nur nicht. Sein Desinteresse für die klassische Musikausübung ist jedoch keine Ablehnung. Er bewundert jeden »klassischen« Musiker, aber das ist nicht seine Welt. Er schreibt seine eigene Musik und improvisiert. Mit neunzehn Jahren hat er bereits seinen eigenen Stil gefunden. Er würde gern Musik studieren, aber für seine musikalischen Interessen gibt es in Deutschland keinen Studiengang. Bis jetzt hat er jedenfalls schon ein Musical veröffentlicht und spielt an mehreren Improvisationstheatern Klavier. Er gibt umjubelte Konzerte und zieht jedes Publikum in seinen Bann.

»Ich kann mir nichts anderes als Beruf vorstellen. Ich wollte immer Musiker werden«, sagt Jannis zu seinen beruflichen Plänen. Ein ernst zu nehmender Musiker ist er schon jetzt, und ich bin sehr gespannt, was einmal aus ihm werden wird!

09

Musiktherapie

*Musik dringt tiefer in
unsere Seelen ein,
als Worte es je vermögen!*

Die heilende Wirkung von Musik

Stellen Sie sich vor, Sie sitzen im Kino, und Bratt Pitt sieht Julia Roberts verliebt in die Augen. Romantik pur. Aber während er im Begriff ist, sie zu küssen, ertönt ein gefährlicher Trommelwirbel, begleitet von fiependen Querflöten. Ungewöhnlich, nicht wahr? Das passt einfach nicht zusammen. Zu verliebten Blicken gehören schluchzende Geigen, für siegreiche Eroberer und edle Helden erklingen Trompeten. Aber Trommelwirbel und hektische Misstöne? Jetzt gibt es zwei Möglichkeiten: Entweder empfinden Sie dieses Missverhältnis von Ton und Bild als unpassende Störung – dann ist es ein schlecht gemachter Film. Oder die musikalische Untermalung führt Ihre Überlegungen in eine neue Richtung: Weshalb wird uns ein unangenehmes Gefühl suggeriert, wenn doch gerade etwas Harmonisches auf der Leinwand zu sehen ist? Wird die idyllische Szene gleich durch einen Killer gestört, oder heuchelt die Schöne nur Liebe und hat in Wahrheit Schlimmes vor?

Sie sehen schon an diesem einfachen Beispiel, wie sehr Musik uns beeinflusst. Im Film begleitet sie die Handlung und führt sie in eine bestimmte Richtung. Sie verstärkt den vom Regisseur gewünschten Effekt. Dies ist uns meist nicht bewusst. Wir lassen uns von der Stimmung der Musik mitreißen. Wer muss nicht unweigerlich jedes Mal schluchzen bei der Titelmusik zu *Out of Africa*, zu *Titanic* oder *Der englische Patient*? Wir kennen die Handlung in- und auswendig, aber immer wieder fließen Tränen. Vorsorglich bin ich stets mit einem Vorrat an Taschentüchern ausgerüstet, wenn ich solche Filme sehe. Ich weiß um die Wirkung der Musik, weiß wie sie komponiert wurde und warum. Und trotzdem manipuliert sie mich immer wieder aufs Neue. Geht es Ihnen genauso? Wenn Sie das nächste Mal ins Kino gehen, achten Sie doch einmal auf die Musik! Versuchen Sie, die Musik von der Handlung zu trennen und sie objektiv, ohne Gefühle zu hören: Aha, hier wird Spannung aufgebaut (voller Orchesterklang, dunkel, sehr leise, bedrohlich, langsam lauter werdend) und *peng!* – der Schurke beginnt eine Schießerei aus dem Hinterhalt. So könnte die nüchterne Regieanweisung im Drehbuch lauten. Uns sträuben sich aber dennoch unweigerlich die Nackenhaare, und bei *peng!* kriegen wir einen Riesenschreck.

Diese unverschämt gut funktionierende Manipulationsfähigkeit der Musik macht sich nicht nur die Filmindustrie zunutze, sondern auch die Musiktherapie.

Die erzielten Heilerfolge beruhen auf der seelischen Wirkung von Musik, die weit tiefer in uns dringt als Worte. Ich möchte Ihnen an dieser Stelle keine theoretischen Einzelheiten über dieses komplexe Fachgebiet zumuten. Die lesen Sie besser bei Experten wie Don Campbell oder Stephanie Merritt nach (siehe Anhang). Ich bin Klavierlehrerin und keine Therapeutin. Trotzdem konnte ich in meinem Unterricht die heilende Wirkung von Musik an vielen Beispielen erleben. Körperliche und seelische Probleme konnten durch die Beschäftigung mit einem Instrument gelöst werden. Von einigen dieser Erfahrungen möchte ich im Folgenden berichten.

Motorische Störungen

Häufig kommen Kinder zu mir in die Sprechstunde, bei denen der Arzt eine motorische Störung festgestellt hat. Mit Hilfe von Krankengymnastik und Ergotherapie wird versucht, den Kindern zu helfen.

Meist sind diese Störungen nicht schwer wiegend, aber für die Entwicklung der Feinmotorik muss doch unterstützend etwas getan werden, da die Kinder in der Schule sonst Probleme bekommen. Das Halten und Führen eines Füllers wird ab der ersten Klasse Grundschule verlangt. Ist ein Kind motorisch noch nicht so weit entwickelt, muss es eventuell noch ein Jahr zurückgestellt werden. Das ist für diese Kinder oft schlimm, denn geistig sind sie den Anforderungen der Schule eigentlich schon gewachsen. Sie fühlen sich außerdem als Außenseiter. »Ich bin dümmer als die anderen Kinder. Mit mir stimmt etwas nicht«, denken kleine Kinder sehr schnell. Somit ist schon ihr Start in der Schule von Unsicherheit und Befangenheit geprägt. Hier kann ein gezielter Musikunterricht sehr viel Positives bewirken.

Erinnern Sie sich noch an den kleinen Marc (siehe Seite 88)? Er war anfangs sehr unsicher, ob er überhaupt Klavier spielen könnte (zumal sein kleiner Bruder motorisch sehr geschickt war). Trotzdem hat er tapfer mit dem Unterricht begonnen und sich selbst bewiesen: »Ich kann das genauso gut wie die anderen Kinder auch. Ich muss mich nicht entmutigen lassen.« Er hat gelernt, seine Unsicherheit nicht mehr hinter Ungeduld zu verstecken, sondern durch geduldiges Üben zu überwinden! Er hat sich selbst bewiesen, dass er ein gesunder, normaler Junge ist.

Heute kann Marc die Krankengymnastik durch das Klavierspiel ersetzen. Seine Kinderärztin hat eine deutliche Verbesserung der Motorik festgestellt. Und zusätzlich hat die Beschäftigung mit dem Instrument das Selbstbewusstsein des Jungen nachhaltig gestärkt.

Der Kinderpsychologe Wolfgang Bergmann erzählte mir die folgende Geschichte: Ein vierzehnjähriger Junge sollte aufgrund seiner motorischen Störungen und leicht autistischen Neigungen ergotherapeutisch behandelt werden. Der Junge war ein leidenschaftlicher Fan von Blues-Musik und wollte unbedingt Gitarre lernen. Dieser Wunsch veranlasste den Psychologen zu der Empfehlung, es mit Gitarrenunterricht zu versuchen.

»Ich glaube, ich weiß, was ihn an diesem Instrument so faszinierte«, erzählte Herr Bergmann. »Mit Hilfe der Musik hatte er eine Chance, sich selbst wahrzunehmen, den Klängen in sich zu lauschen.« Die Eltern stimmten dem Vorschlag zu, den Jungen zunächst zum Gitarrenunterricht statt zur Ergotherapie zu schicken. In einem Jahr wollte man dann über alles noch einmal nachdenken. Ich finde diese Lösung sehr gut. Man könnte hier einwenden, dass die Gitarre ein ergonomisch etwas kompliziertes Instrument ist. Der Junge liebte ihren Klang jedoch so sehr, dass er die Mühen des Lernens willig und begeistert auf sich nahm.

Es wäre sicher interessant, die Verbindung von Instrumentalunterricht und Krankengeschichte eingehender zu beleuchten! Hiermit meine ich ganz bewusst nicht die Musiktherapie, die bekanntermaßen sehr erfolgreich zu Heilungszwecken eingesetzt wird. Mir geht es um die Möglichkeiten, im Rahmen des Instrumentalunterrichts sozusagen »versteckt« therapeutisch zu wirken. Denn wie wir gesehen haben, kann die Beschäftigung mit einem Instrument helfen, sowohl schwere psychische Probleme zu lösen als auch psychomotorische Störungen zu beheben. Nicht die Krankheit oder das Problem wird hierbei in den Vordergrund gestellt, sondern die Musik. Das Kind und der Lehrer beschäftigen sich mit ihr und ihrer Ausführung. Die »Krankheit« wird dabei meist überhaupt nicht erwähnt.

Wie wir an der folgenden Geschichte sehen werden, kann diese Arbeitsweise selbst bei eindeutigen »Therapiefällen« sehr wirkungsvoll sein.

Ich habe einmal ein kleines Mädchen unterrichtet, das während der Geburt an akutem Sauerstoffmangel gelitten hatte und nun schwere motorische Störungen zeigte. Die meiste Zeit verbrachte Anja im Rollstuhl, aber sie besuchte eine normale Schule. Sie war intelligent und musikalisch. Obwohl ich sie lieber einem erfahrenen Musiktherapeuten anvertraut hätte, begann ich mit ihr zu musizieren, denn in ihrer Umgebung war zunächst kein Therapeut zu finden. Sie konnte sehr schön singen, so dass wir am Klavier und an allen Orff-Instrumenten versuchten, leichte Lieder zu spielen. Das fiel ihr sehr schwer, denn sie konnte kaum die einzelnen Finger bewegen, aber es machte ihr riesigen Spaß. Sie freute sich immer sehr auf ihre »Klavierstunde«. Für mich war dieser Unterricht ebenfalls etwas ganz Besonderes. Ich lernte von diesem lieben Mädchen Folgendes: Sie liebte die Musik so sehr, dass sie ungeheure Anstrengungen unternahm, um ein Instrument zu spielen. Ihre Mutter erzählte mir, dass Anja in der Krankengymnastik nicht so stark motiviert werden konnte, ihre Finger zu trainieren, wie in der Musikstunde! Auch diese Geschichte zeigt: Die Beschäftigung mit einer geliebten Tätigkeit kann einen großen therapeutischen Erfolg haben. Anja wird zwar niemals richtig Klavier spielen können, aber ihre Versuche beweisen ihr jede Woche aufs Neue:»Ich kann etwas Schönes mit meinen Fingern zaubern. Aus meinen Händen kommen wunderschöne Klänge. Meine Hände sind prima!«

Grenzen überwinden

Vor einigen Jahren gab ich Sabine, einer jungen Frau, Klavierstunden. Sie hatte erst im Alter von achtzehn Jahren mit dem Instrumentalunterricht begonnen, und zwar gleichzeitig mit Geige und Klarinette. Für das Klavierspielen gab sie nun die Klarinette auf und übte so gut, dass sie schon nach zwei Jahren sehr anspruchsvolle Stücke spielte. Eine Sache klappte aber nie richtig. Ihre Handgelenke waren sehr steif, viele Bewegungen bereiteten ihr Schmerzen, denn sie litt seit ihrer Kindheit an Rheuma. Ihre verständliche Angst vor Schmerzen führte immer wieder zu Verkrampfungen. Ganz behutsam übten wir, diese Verkrampfungen zu lösen. Immer wieder testeten wir, wie weit sie ihre Handgelenke tatsächlich bewegen konnte. Bei jedem Versuch stellten wir fest, dass deren Beweglichkeit wesentlich größer war, als sie vermutete. Diese Erkenntnis beeinflusste ihren Umgang mit der Krankheit enorm. Sie ließ sich nicht mehr frustrieren, sondern sagte sich ganz bewusst:»Ich kann noch mehr. Es geht immer etwas besser, als ich denke!«

Die Schulung der Feinmotorik, die ständige Bewegung von Fingern und Armen half ihr auf schonende Weise, die Krankheit ein wenig aufzuhalten. Das allein ist schon sehr viel. Aber fast wichtiger war die psychische Kraft, die sie aus dem täglichen Üben zog. Sie hat ein wirksames Mittel gegen Angst und Frustration gefunden und gelernt, Grenzen, die ihr Körper setzt, zu überwinden. Ja, durch die Musik änderte sie sogar ihren geplanten Lebensweg. Als Sabine mit dem Klavierunterricht begann, machte sie eine Ausbildung, die sie nicht besonders interessierte. Im dritten Jahr ihres Klavierunterrichts schloss sie ihre Berufsausbildung ab und fasste einen folgenschweren Entschluss: Sie würde keinen kaufmännischen Beruf ausüben, sondern einen künstlerischen. Sie setzte sich über die Ängste ihrer Familie hinweg und begann Kulturmanagement zu studieren.

Als sie zum Studium in eine andere Stadt zog, verabschiedete sie sich von mir mit folgenden Worten:»Leider kann ich nicht Klavier studieren, aber ich will mein Leben mit Kunst und Musik verbringen. Meine Eltern haben zwar nun Angst, was aus mir wohl werden wird. Aber ich selbst bin ganz optimistisch. Denn eines ist sicher: Durch die Musik ist aus mir ein lebendiger Mensch geworden. Das möchte ich nie mehr missen.«

Hilfe bei Magersucht

Ich war noch ziemlich jung und besaß noch nicht viel Erfahrung im Umgang mit Jugendlichen, als ich zum ersten Mal mit einem magersüchtigen Mädchen konfrontiert wurde. Sie hatte mit dem Musikunterricht bei mir begonnen, als sie elf Jahre alt war. Sie war hübsch, intelligent und sehr begabt. Die Eltern hatten ihr zum Geburtstag gerade ein Pferd geschenkt, mit dem sie in der Folge zahlreiche Turniere gewann. Auch in der Schule glänzte sie mit hervorragenden Leistungen. In den folgenden zwei Jahren begannen diverse Verehrer, sich um sie zu reißen. Aber mitten in diesem schillernden Leben brach sich eine schleichende Katastrophe Bahn: Melanie wurde dünner und dünner. Irgendwann fehlte ihr die Kraft zum Reiten, zum Klavierspielen, sie wurde lustlos, fehlte in der Schule, begann eine Therapie nach der anderen und brach sie wieder ab. Diagnose: Bulimie (Heißhungerattacken mit anschließend gewaltsam herbeigeführtem Erbrechen). Sie quälte sich sehr. Ich konnte dies nicht mit ansehen und versuchte mit ihr zu sprechen, sie zu überzeugen, nicht so selbstzerstörerisch mit sich umzugehen. Ich hielt ihr ihre Schönheit, ihr Können und ihr liebenswertes Wesen vor Augen, wenn sie sich mal wieder selbst schlecht machte. Ich bot ihr an, mich außerhalb der Unterrichtszeiten zu besuchen, wenn sie das wollte. Sie nahm dieses Angebot dankbar an, aber es half nicht viel. Mit vierzehn hörte sie auf, Klavierstunden zu nehmen, kam ins Krankenhaus, und ich verlor sie aus den Augen. Jahre später traf ich sie wieder. Zum Glück lebte sie noch, aber es ging ihr nicht wirklich gut. Jeder Tag war geprägt vom Ringen um Normalität. Sie sagte mir, dass ihr die Musik und mein liebevolles, wenn auch unprofessionelles Bemühen geholfen hatten, sich nicht ganz aufzugeben. Sie hatte sich in der schlimmsten Zeit an die Musikstunden erinnert und sich daran festgehalten. Als ich sie bat, mir das näher zu erklären, sagte sie:»Die Musik hat mir immer gut getan, und du hast mir durch die Musik und durch dein Zuhören, dein Interesse an mir gezeigt, wie man durch die Beschäftigung mit etwas Schönem von sich selbst abgelenkt wird. So konnte ich den selbstzerstörerischen Kreislauf, in dem ich durch die Magersucht gefangen war, immer wieder durchbrechen. Ich spiele ab und zu Klavier und würde auch gern wieder Stunden nehmen.«

Leider fing sie dann doch nicht mit dem Unterricht an, da sie dafür nicht genügend physische Kraft aufbrachte. Ich fand das furchtbar, wusste aber zunächst nicht, was ich tun sollte.

Einige Jahre später kam ein zwölfjähriges Mädchen in meinen Klavierunterricht. Sie übte fleißig, denn sie wollte Pianistin werden. Aber auch sie wurde plötzlich immer dünner und war ganz stolz darauf, dass sie ihre hübsche Figur in Jeans pressen konnte, deren Beine, so schien es, gerade mal Platz für zwei Streichhölzer boten, nicht jedoch für zwei Mädchenbeine. Das famose Kleidungsstück hatte sie aus den USA mitgebracht. Ich möchte hier keine Diskussion über Mode und Werbung entfachen, aber diese Hose nahm mir den Atem. Barbie ist ein Fettkloß, verglichen mit einem Mädchen, dass sich in diese Hose zwängen konnte! In Erinnerung an das traumatische Erlebnis mit Melanie einige Jahre zuvor polterte ich los:»Was soll denn das, du bist viel zu dünn, du spinnst wohl, willst du krank werden!?« Gleich darauf biss ich mir auf die Zunge, denn pädagogisch klug war das nicht. Ich erntete einen entsetzten Blick und den vorwurfsvollen Kommentar:»So sehen alle Mädchen in Amerika aus.«»Trotzdem ist das Scheiße.« (Noch so ein Kommentar, der einem Pädagogen die Haare zu Berge stehen lässt!) Ich war keinesfalls überzeugt von meinem Einfühlungsvermögen, aber eines wusste ich: Ich wollte nicht schon wieder erleben, wie sich ein junges Mädchen in meiner Gegenwart das Leben zur Hölle macht.

Sie weigerte sich, einen Psychologen aufzusuchen, oder erklärte, wenn ich sie schließlich doch zu einem geschleppt hatte:»Das hat nichts geholfen. Da gehe ich nicht wieder hin.« Ich war verzweifelt und wütend, aber ich konnte nichts dagegen tun. An die Familie konnte ich mich auch nicht wenden, denn das wollte Christine auf keinen Fall (später stellte sich heraus, dass es gewichtige Gründe gegeben hatte, diesem Rat zu folgen). Ich versuchte ihr nun auf zwei verschiedenen Wegen zu helfen: Zum einen redete ich während der folgenden Wochen oft mit ihr und versuchte die Ursachen für das Hungern zu ermitteln. Und zum anderen gab ich ihr beseelte, warme,»gesunde« Musik zum Spielen. An ihrer Körperhaltung beim Musizieren konnte man eine seelische Verkrampfung erkennen. Die Musik, die sie hervorbrachte, klang dünn, abgehackt, schwach. Es war kein rechter Fluss in ihrem Spiel. Wir bemühten uns nun, die Musik so zum Klingen zu bringen, wie sie gedacht war: kraftvoll, beseelt, mit Schwung und einem stetigen Rhythmus. Dabei lernte sie zwei Dinge: Wenn die physische Kraft fehlt, klappt es mit dem Musizieren überhaupt nicht, und wenn man sich psychisch schlecht fühlt, hört man das am eigenen Musizieren.

»Wenn du nichts isst, kannst du deine beruflichen Ziele vergessen!«, erklärte ich ihr unnachgiebig. Und setzte nach: »Alles was du liebst, die Möglichkeit, dich selbst auszudrücken mit Hilfe deiner Musik, wirst du verlieren, wenn du so weitermachst.« Das beeindruckte sie gewaltig. Ihr Instrument, ihren treuen Freund in allen Lebenslagen, wollte sie keinesfalls aufgeben! Dieser Effekt kam schlagartig und half ihr – unter großen Anstrengungen – liebevoller mit ihrem Körper umzugehen.

Etwas subtiler verlief der Prozess der Selbsterkenntnis über das Spielen »gesunder« Musik. Hier hatten wir eine Möglichkeit zur Projektion, die ihr erlaubte, sich selbst zu sehen, ohne in ihrem Seelenleben herumzustochern. Sie feilte an jedem musikalischen Detail, das nicht so klang, wie es sollte. Um das aber zu können, musste sie die entsprechenden »Zustände« zunächst einmal in sich selbst finden. Auf diese Weise war sie in einen positiven Prozess eingebunden. Nicht »Ich kann das nicht. Ich bin nichts wert«, sondern »Aha, das muss ich jetzt tun, damit es richtig klingt« hieß es nun. Zum Beispiel fehlte an einer Stelle eine fließende Bewegung mit dem Arm. Die wollte aber einfach nicht gelingen. Also fragten wir uns, was in ihrem Gemüt vielleicht nicht im Fluss war. Und wir überlegten, wofür man Arme einsetzen kann: Umarmungen, Schutz, Zärtlichkeit, aber auch – und jetzt wurde es spannend – für Gewalt. Ihr Körper versteifte sich, sie blickte mich voller Panik an, so wie ich es noch nie zuvor bei einem Menschen gesehen hatte. Kein weiteres Wort wollte sie hören und auch das Stück nicht mehr spielen. Schluss. Ende der

Durchsage. Als es mir endlich gelungen war, sie zu beruhigen, redeten wir über diesen merkwürdigen Ausbruch. Sie wusste zunächst nicht, was sie so entsetzt hatte, aber nach einer Weile wurde es ihr bewusst. Umarmung und Gewalt. Sie war als Neunjährige von einem Familienmitglied missbraucht worden. Ich glaubte ihr, dass sie bis zu diesem Zeitpunkt nichts mehr von der Geschichte gewusst hatte. Sie hatte sie vollkommen verdrängt und über ihren Körper »abgearbeitet«. Magersucht ist oft eine Folge von sexuellem Missbrauch. Das Kind fühlt sich unsauber, hasst sich selbst und hat ein stark gestörtes Verhältnis zur eigenen Sexualität. Nun war das Leid des Mädchens in ihr Bewusstsein gedrungen. Da sie jetzt wusste, wo die Ursache ihrer Probleme lag, hatte sie eine Chance, damit umzugehen. In dieser Phase redeten wir viel, aber unsere musikalischen Bemühungen wurden nicht vernachlässigt. So ging es ihr nach und nach besser. Heute ist sie eine erfolgreiche Musikerin. Sie hat ihren Traum verwirklicht. Auch fühlt sie sich seit einiger Zeit stark genug, die familiären Probleme mit Hilfe einer Psychologin anzugehen – und das mit großem Erfolg. Sie hat mir erlaubt, ihre Geschichte hier zu erzählen, weil sie hofft, dass sie vielleicht einem anderen Kind in einer ähnlichen Situation Mut machen kann. In einem Brief schrieb sie mir:

Liebe Andrea,

das Wichtigste an der ganzen Geschichte ist, dass Du mir durch Dein liebevolles Interesse, Dein Nachbohren das Gefühl gegeben hast, dass Du mich magst, so wie ich bin. Durch die Musik, die wir zusammen erarbeitet haben, war es mir möglich, zu erkennen, was mit mir eigentlich los ist. Die Beschäftigung mit etwas so Schönem wie der Musik erfordert positive Energie. Du hast mir immer wieder gesagt und gezeigt, wie ich sie in mir finden kann. Du hast mir über die Musik beigebracht, mich selbst ein bisschen zu mögen, und dafür bin ich Dir unendlich dankbar.

In Liebe Christine

10

Musikunterricht für Erwachsene

Nur Mut – es ist nie zu spät, um mit dem Musizieren zu beginnen!

Warum musizieren Erwachsene?

»Bis zum Ruhestand möchte ich Klavier spielen können!«
Das sagte ein 47-jähriger Schüler zu mir. Der gelernte Kfz-
Mechaniker hatte gerade mit dem Klavierunterricht begonnen und übte fleißig. »Ich erfülle mir einen Traum. Bei
uns hat das Geld nie für Musikstunden gereicht. Und ich
hätte so gern ein Instrument gespielt!« Nun hatte er Geld
und Zeit, das zu tun, wovon er immer geträumt hat.

Als er seine sechsjährige Tochter zum Klavierunterricht
anmeldete, ergriff er schüchtern die Gelegenheit, auch
nach Möglichkeiten für sich selbst zu fragen: »Würden Sie
denn auch einen so alten Kerl wie mich nehmen?«

Diese Situation erlebe in der Musikschule recht häufig.
Viele Erwachsene haben noch nie in ihrem Leben ein Instrument gespielt und fangen ganz von vorn an. Andere
knüpfen an den Unterricht an, den sie als Kind gehabt hatten: »Meinen Sie, es lohnt sich, wenn ich noch einmal Musikstunden nehme? Ich habe ewig nicht gespielt.«

Wieder andere nehmen den Übergang in den Ruhestand zum Anlass, mit dem Musikunterricht zu beginnen.
Meine Tante studiert heute, nach einer erfolgreichen Karriere als Ärztin, Komposition. Und eine Bekannte von mir
begann mit 62 Jahren Mandoline zu spielen … Falls auch
Sie zu denjenigen gehören, die sich zu alt fühlen, um noch
mit dem Musikunterricht zu beginnen, sollten Ihnen diese Beispiele Mut machen. Es ist nie zu spät, ein Instrument
zu erlernen! Die einzige Voraussetzung ist, dass Sie Zeit
zum Üben finden.

Zugegeben, zwischen Beruf, Haushalt und Kindererzie-
hung fällt es sehr schwer, die Ruhe und Konzentration dafür aufzubringen. Erwachsenen, die mit dem Instrumentalunterricht beginnen möchten, gebe ich daher immer
folgenden Rat: »Schaffen Sie sich bewusst etwas Zeit zum
Üben; Zeit, in der sie abschalten und nicht an die tausend
Dinge denken, die Sie noch zu erledigen haben. Wenn Ihnen das gelingt, werden Sie mit Erfolg musizieren.«

Das Alter ist kein Hinderungsgrund!

Worauf beruht das Vorurteil, man sei zu alt, um ein Instrument zu erlernen? Besonders zwei Argumente höre ich immer wieder:

- »Die beste Lernfähigkeit besteht im Alter von sechs bis zwölf Jahren.« Das stimmt schon, aber für geistige Betätigung ist man niemals zu alt, im Gegenteil! Es ist sogar außerordentlich wichtig, seinen Geist zu trainieren. Ich kenne keinen Berufsmusiker, der an der tückischen Alzheimer-Krankheit leidet. Gerade die Verbindung von geistiger Anstrengung und Musik hat eine hohe Durchblutung des Gehirns zur Folge. Wir erinnern uns: Beim Musizieren werden beide Gehirnhälften gefordert. Dabei werden ständig neue »Schaltungen« im Gehirn angelegt, und das fördert die geistige Präsenz. Diese Tatsache trifft aber nicht nur auf Kinder zu. Der Dirigent Arturo Toscanini war noch im hohen Alter in der Lage, all seine Partituren auswendig zu dirigieren. Und Vladimir Horowitz spielte noch mit achtzig Jahren atemberaubende Konzerte. Eine sechzigjährige Schülerin sagte einmal zu mir: »Ich muss mich ja schon sehr anstrengen beim Üben. Aber hinterher bin ich geistig viel frischer als vorher.«

- »Meine Finger sind nicht mehr so beweglich.« Das stimmt zum Teil auch. Ein sechsjähriges Kind hat natürlich elastischere Finger als ein Erwachsener. Aber nur deshalb auf das Musizieren zu verzichten, halte ich für falsch. Denn das Musizieren trainiert nicht nur den Geist, sondern auch die Finger. Wenn ein Erwachsener als Kind musiziert hat, kann er an seinen damaligen technischen Stand anknüpfen und wird sehr schnell lernen. Diese Erfahrung habe ich schon so oft mit meinen eigenen Schülern gemacht, dass ich es wage, sie hier zu verallgemeinern. Eine Schülerin sagte in diesem Zusammenhang einmal zu mir: »Ich weiß nicht, ob die Beweglichkeit überhaupt nachlässt. Ich habe keine Probleme damit.« Allerdings ergibt sich eine andere Situation, wenn ein Erwachsener ganz von vorn beginnt und noch nie ein Instrument gespielt hat. Ihm machen seine Finger schon zu schaffen, aber nicht, weil sie nicht mehr beweglich wären, sondern weil ein erwachsener Anfänger das Musizieren meist wesentlich befangener angeht als ein kleines Kind. Er denkt fortwährend an alles, was er noch nicht kann und was alles schief gehen könnte. Ein kleines Kind denkt darüber überhaupt nicht nach, es lässt sich überraschen. Es gibt sich der Situation im Unterricht einfach hin und macht nach, was der Lehrer ihm zeigt. Wenn es nicht gleich klappt, wird es eben noch einmal versucht. Die Neigung zur Perfektion schon im ersten Anlauf führt bei Erwachsenen zu Verkrampfungen im gesamten Bewegungsapparat, besonders in den Händen. Und das schränkt die Beweglichkeit wesentlich mehr ein als das Alter!

Erwachsene müssen also vor allem gegen eine zu kopflastige Haltung beim Musizieren anüben und ihren Leistungsstress hinterfragen. Sie sollten sich eine kindliche, vorbehaltlose Entdeckerlust aneignen. Das ist nicht so einfach, wie es sich anhört! Im Berufsleben stehen wir ständig auf dem Prüfstand, müssen schnelle und möglichst perfekte Arbeit abliefern. Fehler sollten wir uns nicht erlauben. Selbst in kreativen Berufen ist Pünktlichkeit und Zuverlässigkeit ein Muss.

Und plötzlich soll das für eine halbe Stunde am Tag nicht mehr wichtig sein. Sie sollen ergeben, mit liebevoller Geduld an irgendwelchen Bewegungsabläufen und Klängen arbeiten. Sie sollen selbstvergessen lauschen und konzentriert auf ein gutes Ergebnis hinarbeiten. Während dieser Arbeit sollen Sie sich keineswegs entmutigen lassen. Sie sollen einerseits kontrollieren, was Sie am Instrument tun, dürfen jedoch andererseits Ihren Verstand nicht die Überhand gewinnen lassen. Das ist sehr schwer! Jeder Erwachsene kämpft gegen seine Befangenheit an. Aber wenn Sie sich dessen bewusst sind, können Sie sie mit folgenden Überlegungen überwinden:

- Musizieren macht mir große Freude!

- Ich möchte ein Instrument lernen, und ich kann das auch!

- Es ist noch kein Meister vom Himmel gefallen!

- Mein Alter ist kein Hinderungsgrund!

- Ich stehe hier nicht auf dem Prüfstand, die Musik ist mein Hobby!

- Musizieren hält geistig und körperlich fit!

Musik – ein Ausgleich zum Beruf

Eine meiner Schülerinnen ist in der medizinischen Forschung tätig. Sie sagt:»Musizieren ist ein besonders guter Ausgleich zu meiner Arbeit. In meinem Beruf müssen Gefühle bewusst ausgeschaltet werden. Bei uns zählen ausschließlich nachweisbare Fakten. Da das Musizieren die Gefühlswelt fordert und aktiviert, kann ich nur jedem, der einen solchen Beruf ausübt, empfehlen, ein Instrument zu spielen.« Ein Bekannter von mir arbeitet als niedergelassener Arzt und ist Vater von drei musizierenden Kindern. Er hat vor drei Jahren mit dem Kontrabassspielen begonnen. Nach einem anstrengenden Tag übt er oft noch nachts.»Auf diese Stunde freue ich mich den ganzen Tag. Die gehört mir ganz allein!«

Und dann ist da noch der 31-jährige Leiter einer großen Firma, der phänomenal gut Klavier spielt. Seine Liebe zur Musik überträgt er auch auf den Beruf:»Wir suchen für unsere leitenden Positionen gezielt Menschen, die ein Instrument beherrschen. Deren soziale Kompetenz ist gefragt, ebenso wie ihre oft kreativen Lösungsvorschläge für berufliche Problemstellungen.«

Wie und wo musizieren Erwachsene?

Auch für Erwachsene gibt es vielfältige Möglichkeiten, die Liebe zur Musik zu pflegen.

Ensemblespiel

Viele Erwachsene, die ich kenne, spielen in ihrer Freizeit in einem Laienorchester, einem Zupfensemble, einem Flötenkreis oder singen in einem Chor.

»Für mich ist Musizieren die schönste Freizeitbeschäftigung!«, gestand mir einmal ein älterer Herr, der seit vielen Jahren in einem Akkordeonorchester spielt. Er hatte sich nach einer Unterrichtsmöglichkeit erkundigt und begründete seinen Wunsch mit folgenden Worten: »Ich ha-

be noch ein bisschen Ehrgeiz auf diesem Gebiet. Ich will noch besser spielen können als jetzt.«

Chorsingen für Erwachsene

Viele Erwachsene singen in Chören. Manche davon sind sehr ehrgeizig und stellen hohe Ansprüche an Perfektion und Können. Andere singen einfach aus Spaß an der Freude, wie mir ein Mitglied unseres Kirchenchores versicherte.

Selbst wenn man kein Instrument spielt oder keine Noten lesen kann, ist es durchaus möglich, in einem Chor zu singen. Ich halte diese Form des Musizierens für sehr empfehlenswert. Man beschäftigt sich mit Musik und ist in Gesellschaft. Manchmal führen Konzerte und Tourneen in andere Städte und Länder. »Dieser Austausch ist sehr unterhaltsam und bildend«, erklärte mir ein Chorsänger.

Das Chorsingen kann neben diesen angenehmen Aspekten aber manchmal auch zu einer Herausforderung werden. Bei einem Laienchor erlebte ich die Proben für ein neues Stück mit, das mein Mann im Auftrag des Chorleiters geschrieben hatte und das während einer Wochenend-Chorfreizeit eingeübt wurde. Mein Mann und ich waren zugegen, denn er sollte bei den Proben sachdienliche Tipps geben; ich selbst war nur »beobachtender Besucher«.

Die Musik war für den Chor neu und fremdartig, da sie zum Teil atonal geschrieben war. Das sorgte für Unstimmigkeiten. »Wer soll denn so ein Zeug verstehen. Ich kann keine Melodie erkennen, ich singe das nicht!«, empörte sich ein Chormitglied. (Diese Reaktion gibt es allerdings auch manchmal bei Profis, wenn sie ein zeitgenössisches Stück einstudieren sollen!) Einige erboste Mitglieder wollten gar aus dem Chor austreten. So hatten sie sich ihre angenehme Freizeitbeschäftigung nicht vorgestellt!

Der Chorleiter hielt jedoch eisern an dem Stück und seinem geplanten Aufführungstermin fest. Und es gab ja auch Zustimmung. »Weshalb wollt ihr denn immer nur singen, was ihr schon kennt?«, fragte ein Herr.

Man einigte sich schließlich unter dem begütigenden Einfluss des Dirigenten darauf, die vorher gemeinsam beschlossene Aufführung des Stückes wie geplant durchzuziehen. Es wurde also weiterhin geprobt. Und nun geschah etwas Merkwürdiges: Die Skeptiker wurden zusehends freundlicher.

Nachdem das Stück mit Erfolg aufgeführt worden war, kam ein Chormitglied mit folgenden Worten auf mich zu: »Ich hätte nie gedacht, dass ich das singen könnte und dass mir diese Musik schließlich doch gefallen würde. Anfangs war ich ja ausgesprochen misstrauisch, wie Sie wissen. Aber ich muss zugeben, dass mir diese musikalische Erfahrung eine neue Dimension eröffnet hat.«

Der gesamte Chor war zu dieser Meinung gekommen. Und damit nicht genug. Zur nächsten Uraufführung eines

Stückes, das mein Mann komponiert hatte, kam der gesamte Chor mit einem Reisebus zum Konzert. Sie waren vier Stunden gefahren, nur um dieses eine Stück zu hören! Mit Interesse verfolgte ich die Meinung einiger Chormitglieder nach diesem Konzert:»Ich lerne durch die Musik sehr viel über mich selbst, vor allem durch das Stück ihres Mannes.«
»Man sollte immer offen sein für eine neue Erfahrung.«
»Klasse, beim nächsten Stück kommen wir wieder!«
Eine Bemerkung machte mir besonders Mut:»Man sollte immer offen sein für neue Erfahrungen.« Diese Einstellung hat mich sehr beeindruckt. Bei einem Künstler gehört es zum Beruf, offen zu sein für Neues und immer zu lernen. Aber trifft das auch auf unser »normales« Leben zu? Kommen wir nicht sehr schnell im Berufsalltag in eine Tretmühle, eine Routine, in der wir nicht darüber nachdenken, unsere Grenzen zu überwinden und unseren Horizont zu erweitern? Oder gar »etwas über sich selbst zu erfahren«, wie es ein anderes Chormitglied formulierte?

Die Auseinandersetzung mit Musik, ganz gleich ob allein oder in einer Gruppe, führt jeden Menschen in eine Welt, die sich einem rationalen Zugang verweigert. Gefühle, die man sich im Alltag nicht erlaubt, über die man nicht spricht und die man vielleicht nicht einmal wahrnimmt, werden entdeckt und im besten Falle erlebt.

Musik fordert uns immer auf, Neuland zu betreten. Da ist es gleichgültig, ob eine sechzigjährige Dame die Mühen auf sich nimmt, ein Instrument zu erlernen, oder ein Profi sich mit einer ihm unbekannten Musik herumschlägt. Beide müssen ihre Angst und ihre Vorurteile überwinden. Sie müssen in sich eine Möglichkeit finden, die Musik zum Klingen zu bringen. Sie müssen sich mit allen Sinnen um ein gutes Ergebnis bemühen. Und das ist eine wunderbare Erfahrung!

Anhang

Die im Folgenden genannten Bücher, CDs und CD-ROMs sind in der Regel im Musikalien-Fachhandel vorrätig und können auch, sofern sie nicht ohnehin ausliegen, über den regulären Buchhandel bestellt werden.

Bücher, CDs, CD-ROMs und Kassetten für Krabbel- und Kleinkinder

Bebber, Ingrid van: Ein kleiner Käfer geht spazieren. Neue Lieder und kreative Mitmachspiele. Münster: Menschenkinder 2002 (Buch zur gleichnamigen CD von Detlev Jöcker)

Hering, Wolfgang: Spiellieder mit Pfiff. Spaß und Bewegung für Kinder ab zwei. Reinbek bei Hamburg: Rowohlt, 1999 (Buch und CD)

Jöcker, Detlev: Ein kleiner Käfer geht spazieren. Münster: Menschenkinder 2002 (CD)

Jöcker, Detlev: Singemaus. Münster: Menschenkinder 2001 (CD-ROM)

Jöcker, Detlev: Eins, zwei, drei im Sauseschritt. Lern-, Spiel- und Spaßlieder. Münster: Menschenkinder, 2002 (CD mit Buch; Liedersammlung für Kinder bis zu drei Jahren)

Lischka, Angela: Die Zippel-Zappelmaus packt neue Lieder aus. Mit Ideen zum Singen, Basteln und Spielen. München: Kösel 1999 (Buch, CD, Kassette)

CD-ROMs für Kindergarten- und Grundschulkinder

Die CD-ROM mit der Maus (Folge 1-3). Tivola (ab vier Jahren; CD-ROM für Windows ab 95/NT/2000, Macintosh)

Opera Fatal. Die haarsträubende Suche nach den verschwundenen Noten. Klett-Heureka (ab zehn Jahren; CD-ROM für Windows 3.1/95, MacOS 7.x.)

CDs und Kassetten mit Schlafliedern

Kreusch-Jakob, Dorothee: Das Wolkenboot. Neue Klangbilder und Meditationen für Kinder. Düsseldorf: Patmos 1996 (CD und Kassette; ab fünf Jahren)

Sarholz, Margit und *Meier, Werner:* Nina Nana. Schlaflieder aus aller Welt. Sternschnuppe 2000 (CD)

Liederbücher (auch für Schulkinder)

Brezinka, Thomas: Weißt Du, wieviel Sternlein stehen? Köln: Dittrich Verlag 2000 (Buch mit CD; Kinderliederbuch mit den beliebtesten klassischen Kinderliedern für Groß und Klein)

o.V.: Das Sandmann Liederbuch. Berlin: Junge Welt 1998 (Buch mit Kassette)

Volkslieder und neue Lieder

Höfele, Hartmut E. und *Steffe, Susanne:* In 80 Tönen um die Welt. Münster: Ökotopia Verlag 2000 (Buch mit CD)
Weber-Kellermann, Ingeborg: Das Buch der Kinderlieder. 235 alte und neue Lieder. Kulturgeschichte, Noten, Texte. Mainz: Schott 1999 (mit Klavier-und Gitarrenbegleitung)

Märchenbücher mit Musik

Ende, Michael und *Schlüter, Manfred:* Tranquilla Trampeltreu die beharrliche Schildkröte. Stuttgart: Thienemann Verlag 1982
Ende, Michael und *Hiller, Wilfried:* Tranquilla Trampeltreu. Deutsche Grammophon Junior 1995 (CD)
Ende, Michael und *Hiller, Wilfried:* Der Lindwurm und der Schmetterling. Deutsche Grammophon Junior 1995 (CD)
Hilbert, Jörg: Ritter Rost. Musical für Kinder. München: TERZIO Buch 1999 (mit CD)
Tschaikowsky, Peter Iljitsch: Dornröschen. Ein Bilderbuch mit Musik. Kassel: Bärenreiter Verlag 1999
Zuckowski, Rolf und *Ginsberg, Julia:* Kinder brauchen Träume. 12 bunte Kindergeschichten. Polydor 2002 (mit CD)

Geschichten um Musik und Komponisten

Zu empfehlen ist die gesamte CD-Reihe *Deutsche Grammophon Junior*

Antonio Vivaldi: Die vier Jahreszeiten. Für Kinder erzählt von Karlheinz Böhm. Disques Ades 1983 (CD)

Zuckowski, Rolf: Das große Abenteuer Musik. Philips o.J. (CD-Reihe)

Bücher über musikalische Themen

Ardley, Neil und *King, Dave:* Sehen, Staunen, Wissen: Musikinstrumente. Hildesheim: Gerstenberg, 1989

Beaumont, Emilie; Pimont, Marie-Renee; David, Colette: Dein buntes Wörterbuch der Musik. Saarbrücken: Fleurus 1997

Bernstein, Leonard: Konzert für junge Leute. Die Welt der Musik in 15 Kapiteln. München: Bertelsmann 1999 (auch als CD erhältlich)

Ekker, Ernst A. und *Eisenburger, Doris:* Johann Sebastian Bach. Ein musikalisches Bilderbuch. München: Betz 1999 (ab sechs Jahren)

Hamann, Brigitte: Nichts als Musik im Kopf. Das Leben von Wolfgang Amadeus Mozart. Wien: Ueberreuter 1990

Hoyer, Andrea: Im Konzert. Mainz: Schott 2000

Hoyer, Andrea: In der Oper. Mainz: Schott 1998

Hoyer, Andrea: In der Musikschule. Mainz: Schott 1998

Kreusch-Jakob, Dorothee: Klang-Werkstatt für Kinder. Miteinander Instrumente bauen und Musik machen. München: Don Bosco, 2002

Rettich, Margret und *Rettich, Rolf:* Ein Haus voll Musik. Mainz: Schott 2001

Weiterführende Literatur für Eltern

Bastian, Hans Günther: Kinder optimal fördern – mit Musik. Intelligenz, Sozialverhalten und gute Schulleistungen durch Musikerziehung. Mainz: Schott 2001

Bergmann, Wolfgang: Gute Autorität. München: Beust 2001

Miller, Alice: Das Drama des begabten Kindes und die Suche nach dem wahren Selbst. Frankfurt am Main: Suhrkamp 1997
Tomatis, Alfred: Klangwelt Mutterleib. München: dtv 1999

Musiktherapie

Campbell, Don: Die Heilkraft der Musik. Klänge für Körper und Seele. München: Droemer Knaur 2000
Merritt, Stephanie: Die heilende Kraft der klassischen Musik. Eine Entdeckungsreise zu mehr Kreativität und Lebensenergie. München: Kösel 1998

Musikschulen, Initiativen und Wettbewerbe

Verband deutscher Musikschulen e.V.
Plittersdorfer Straße 93
53173 Bonn
Tel.: 0228/957060
Internetadresse: **www.musikschulen.de** (mit Suchservice »Finden Sie die Musikschule in Ihrer Nähe«)

musikKUNSTschule Hamburg:
www.musikkunstschule.de

Integrative Kunst- und Musikschulen:
www.ikm.paedagogik.de

Deutsches Musikinformationszentrum (Liste allgemeinbildender Schulen mit Schwerpunkt Musik; Literaturtipps, Festspiele, Musikbibliotheken etc.):
www.miz.org

Jeunesse Musicale Deutschland:
www.konzerte-fuer-kinder.de

Jugend musiziert - Wettbewerbe für das instrumentale und vokale Musizieren der Jugend:
www.deutscher-musikrat.de/jumu.htm

Register

A

Akkordeon 111

B

Becher-Rassel 58
Begabung . . . . 20 f.
   Naturbegabung 172
Bewegungsspiele 24
Blasinstrumente . . . . . . 116 f.
Blockflöte 42, 81, 107
Bongo-Trommel 33, 40
Bratsche 112

C

CDs hören 44
Cello 113
Cembalo 111

E

Eltern
   als Vorbilder 44
   Beziehung zum
      Musiklehrer . . . . 135 f.
   musikalisches Umfeld
      schaffen . . . . 35 ff.
   musizierende 43, 106 f.
Eltern-Kind-Gruppen 49
Eltern-Kind-Kurse 65
   Aufgaben der Eltern 67
Eltern-Mitmachstunden . . . 62
Ensemblespiel 192
Erwachsene
   Gründe für das
      Musizieren 188
   im Musikunterricht 190
   Möglichkeiten zum
      Musizieren . . . . 192 f.

F

Fagott . . . . 117 f.
falsches Singen, Ursachen . . 19
Fingerspiele 24
Flötengruppen 144

G

Gedächtnistraining 13
Geige 112
Gesang 118
Gitarre 115
Glockenspiel 32, 40

H

Handmärchen 24
Harfe 116
Hochbegabung,
   musikalische 159
   Definition 161

I

Instrumentalunterricht
   . . . . 49, 86 ff.
   als Musiktherapie 179
   Einstiegsalter 90-96
   Leitfaden . . . . 156 f.
   Sprechstunde . . . . 87 f.
   Vorüberlegungen 86
Instrumente
   Auswahl 102
   für Kleinkinder 31
   körperliche
      Beanspruchung 119
   mieten 121
   Orff-Instrumente 40
   Preise . . . . 120 f.
   Richtwerte für
      Einstiegsalter 119

selbst gebastelte 58
Instrumentenkunde . . 107-119
Interesse an Musik wecken 28 f.

K

Kammermusikkurse 170
Keyboard 110
Kinder- und
Jugendkonzerte 103
Kinder, hochbegabte . . . 160 f.
   Fördermöglichkeiten . . . 169
   Umgang mit 168
Kitzelverse 24
Klangstäbe 33, 42
Klarinette . . . . 116 f.
Klavier . . . . 108 f.
Kleinkinder,
   Instrumente für 31
Kleinkinder
   musikalische Früh-
      förderung 24, 28
   Rhythmusübungen für 26 f.
Kontrabass 113
Konzentrationsfähigkeit . . . 13
Kritik, Wirkung von . . . 18, 28
Küchengeräte als Musik-
   instrumente 25

L

Liederbücher für Kinder . . . 38

M

Mandoline 115
Musik
   als Ausgleich
      zum Beruf 191
   als Beruf 101
   Bedeutung von 12
   Grenzen
      überwinden mit 180
   heilende Wirkung von . . 176
   Manipulationsfähigkeit
      von 176
   Nebenwirkungen . . . . . 13 f.
   und Gefühle 13, 167

und Kleinkinder . . . . . . 24 f.
und Persönlichkeits-
   bildung 14
Wirkung von 12
Musikalische Früh-
erziehung . . . . 49, 53 ff.
   Altersstufen 63
   für drei- bis
      sechsjährige Kinder 69 ff.
   Gruppengröße . . . . 59 f.
   Leitfaden 83
   Unterrichtsinhalte 57 f., 70
Musikalische Früh-
förderung, Aufgaben
   der Eltern 64
Musikalische Grund-
ausbildung 49, 72
   Instrumente . . . . 74 f.
Musikalische Krabbel-
gruppen 49, 64
Musikalischer Kinder-
garten 82
Musikbücher 45
Musikfilme 45
Musikgymnasium 169
Musikhochschule 170
Musikkassetten hören 44, 102
Musiklehrer . . . . 121 ff.
   als Mentor 131
   Anforderungen an
      Kinder . . . . 125 f.
   beurteilen 129
   Beziehung zu Eltern . . 135 f.
   idealer . . . . 125 f.
   Kritik an . . . . 122 f.
   Voraussetzungen 129
   wechseln . . . . 128, 133 f.
Musikschule . . . . 47 ff.
   Anfahrtswege 51
   Beratungsgespräch 49
   Checkliste 51
   Geschwisterermäßigung 51
   Instrumenten-
      Karussell . . . . 103 f.

Instrumenten-
Schnuppertag 103
Kursangebote . . . . 48 f.
Musikalische Früh-
erziehung . . . . 53 ff.
Probestunden 106
Schnupperstunden 49
Schülerkonzerte 105, 129, 141
Verträge 49
Musiktherapie . . . . 176 ff.
bei Magersucht . . . . . . 181 f.
bei motorischen
Störungen . . . . 177 f.
Musikunterricht
Einstiegsalter . . . . 54 ff.
Einzelunterricht . . . . . 137 f.
Erziehung im 142
für Erwachsene . . . . . 187 ff.
für Zweijährige . . . . 55 f.
Gruppenunterricht . . . 137 f.
individuelle Förderung 137 f.
Kosten . . . . 50f., 143 f.
mit kleinen Kindern . . . 130
Regelmäßigkeit 62
Spaß beim 142
und Bewegungsdrang . . . 73
und Geschlechter-
unterschiede 97
und Kreativität 73
und Phantasie 71
und Pubertät . . . . 97 f.
und Sprache 71
Musizieren
gemeinsames 140
und Lebensalter 189
musizierende Kinder
Intelligenz 14
Konzentrationsfähigkeit 60
schulische Leistungen . . . 14
Sozialverhalten 14, 60

N
Notenhaus 77
Notenlesen 76

O
Oboe . . . . 117 f.
Opernaufführungen
besuchen 45
Orff, Carl 78
Orff-Gruppen . . . . . . 49, 76 ff.
Improvisation . . . . 79 f.
Instrumentalspiel . . . . . 81 f.
Orff-Instrumente 78
kaufen 40
Preise 121
Orgel 111

P
Posaune 117

Q
Querflöte 108

R
Regenstab 41
Rhythmik-Gruppen 82

S
Saxophon . . . . 116 f.
Schlaflieder 24
Schlagzeug 111
Schneckenspiel 68
Singen
beim Autofahren 38
Chorsingen . . . 118, 144, 193
falsches . . . . 18 f.
singender Kamm 58
Sommercamps 170
Spielzeuginstrumente,
Wirkung von . . . . 29 f.
Sprachspiele, rhythmische 70
Stimme ausbilden 18

T
Tamburin 31, 40
Triangel 41
Trompete 117
Tuba 117

U

Üben . . . . 144 ff.
  Definition 145
  Notwendigkeit 144
  Stress vermeiden beim   154
  Übestrategien 151
  Umgang mit
    unwilligen Kindern 146 f.
  Unterstützung durch
    die Eltern 150
  Zeiträume 155

Unterrichtsformen . . . . . 137 f.

V

Volkslieder,
  Wirkung auf Kinder . . . 36 f.

W

Walnuss-Trommel 58
Wettbewerbe, musikalische 171

X

Xylophon 32

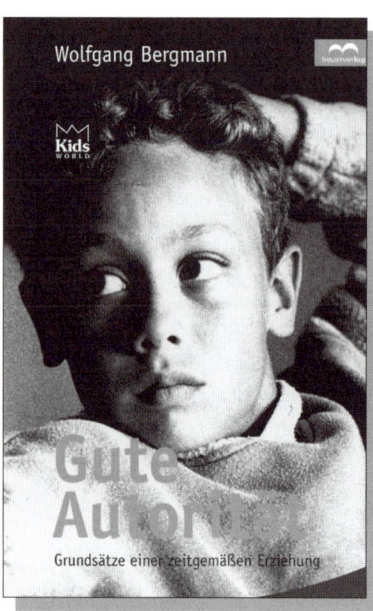

Wolfgang
Bergmann

Gute Autorität

**Grundsätze einer
zeitgemäßen
Erziehung**

Autoritär erzogene Kinder sind glückliche Kinder. In der aktuellen Diskussion über die Grundlagen moderner Erziehung vertritt der renommierte Kinderpsychologe Wolfgang Bergmann diesen Standpunkt mit allem Nachdruck. Dabei legt Bergmann dem Begriff Autorität eine völlig neue Bedeutung bei, indem er autoritäre Eltern als liebevoll, verlässlich und entschlossen definiert, als Eltern, die ihre Kinder nicht zu kleinen Tyrannen werden lassen, sondern aktiv zu sozialen, einfühlsamen und selbstbewussten Persönlichkeiten erziehen.

An zahlreichen Praxisbeispielen zeigt er, wie sich mangelnde Erziehung auf kindliches Verhalten auswirkt, welche Folgen falsch verstandene Elternliebe nach sich zieht – und wie Eltern wieder Einfluss auf das Verhalten ihrer Sprösslinge nehmen können.

Ylva Ellneby

Kinder unterStress

Was wir dagegen tun können

Wie steht es um die Unbeschwertheit unserer Kinder und was können Eltern tun, um Stressfaktoren bei Kindern zu reduzieren? Diesem aktuellen Thema widmet sich die renommierte schwedische Pädagogin Ylva Ellneby. Immer mehr Kinder zeigen sich im Alltag passiv, sind unruhig und scheinen an einer Art Burn-out-Syndrom zu leiden.

Die Autorin beschreibt, wie Kinder auf den Stress, der durch Streit innerhalb der Familie, Leistungsdruck oder verplante Freizeit ausgelöst wird, reagieren. Sie macht viele praktische Vorschläge, wie Eltern durch Spielen und Meditationen die Stresssituationen entspannen können.

**Evi Crotti
Alberto Magni**

Die verborgenen Ängste der Kinder

**Furcht und
Bekümmertheit
verstehen**

Neben Wut, Freude und Trauer ist Angst eine der vier grundlegenden Gefühlsregungen des Menschen.

Demgemäß ist auch die psychische Welt der Kinder von vielen Ängsten geprägt, von Ängsten, die wir Erwachsenen uns oftmals nur »ausgeredet« haben. Dr. Evi Crotti und Dr. Alberto Magni schildern deshalb zunächst, in welchem Alter Kinder üblicherweise mit welchen (entwicklungsbedingten) Ängsten konfrontiert werden und wie Eltern diese anhand der Kinder-Zeichnungen erkennen können.

In zweiter Linie gehen Dr. Evi Crotti und Dr. Alberto Magni auf Ängste ein, die nicht in das kindliche Entwicklungsschema passen.

Barbara van den
Speulhof,
Fréderic Lehmann

Heilende
Geschichten

**Kinder wachsen
mit Worten**

Wenn die besten Erziehungsmethoden versagen, können Eltern durch Geschichten das Gehör ihrer Kinder finden.

Heilende Geschichten belebt die alte, fast verloren gegegangene Tradition des Geschichtenerzählens neu. Eltern erfahren nicht nur, wie Sprache auf Kinder wirkt. Sie lernen auch, Sprache hilfreich in Form von Geschichten oder Metaphern zur Förderung der sozialen Kompetenz und Fantasie ihrer Kinder einzusetzen. Nach und nach wird aufgezeigt, dass es gar nicht so schwer ist, selbst Geschichten zu erfinden und zu erzählen.

Kölnische Rundschau
»Das Buch ist so nicht nur ein Geschichten-Fundus zum Vorlesen, Nacherzählen oder Weitererzählen. Heilende Geschichten ist auch eine ‚Geschichtenwerkstatt‘«.

Stevanne Auerbach

SQ Spielerische Intelligenz

Mit welchem Spielzeug Kinder in welchem Alter am besten spielen – und welches sie am meisten fördert

Nach IQ und EQ macht nun der SQ von sich reden. Stevanne Auerbach alias »*Dr. Toy*« stellt den Spielquotienten in den Mittelpunkt ihrer Studien, deren Ergebnisse sie in diesem informativen und gut verständlichen Ratgeber zusammengefasst hat.

Eltern lernen nicht nur, welches Spielzeug für welche Altersgruppe geeignet ist, sondern wie Spielen Lebensfreude, Selbstbewusstsein und Selbstwertgefühl des Kindes sowie dessen eigene Motivation zum Lernen fördert. Spielen stellt eine der wichtigsten Aktivitäten für Heranwachsende dar, da im Spiel der Umgang mit den Altersgenossen, Sprachfähigkeit und abstraktes Denken erprobt werden. SQ lädt Eltern zu einer „Spielreise" mit ihren Kindern ein, welche sie in ihre eigene Kindheit zurückführt und Erinnerungen an den lang vergessenen Lieblingsteddy weckt. Die Weitergabe der eigenen Spielerfahrung, ergänzt durch Auerbachs Spielideen, bringt eine völlig neue, innige Eltern-Kind-Beziehung hervor, die nicht nur eine schnellere Entwicklung des Kindes fördert, sondern auch das Verständnis der Eltern für den Entwicklungsprozess ihres Sprösslings öffnet.